# 문화와 사상

## - 심정문화세계 창건을 위한 새 가치관 모색 -

조형국 지음

새로운 세상의 숲
**신세림출판사**

# 문화와 사상

– 심정문화세계 창건을 위한 새 가치관 모색 –

조 형 국

조형국 지음

# |차|례|

조형국 지음

# |차|례|

# 책머리에

오늘날 우리는 디지털 기술과 인공지능(AI)이 열어 밝혀줄 세상에 흥분하고 있다. 4차 산업혁명이 주도할 새로운 세상을 준비해야 한다며 학교와 기업 그리고 대부분의 정부조직이 다보스포럼에서 나오는 담론에 관심을 기울이고 있다.

오늘날 대한민국의 지식세계와 우리들 삶과 문화생활 전반이 그렇다는 것이다. 과연 우리는 서양인들이 생산하는 지식과 기술을 따라가면 행복하고 잘 살게 되는가? 이 땅에서 행복한 거주와 평화로운 삶을 위한 가치관과 철학이 나올 수는 없을까?

지금으로부터 110여 년전 니체가 예언했고 최근에 역사학자 프란시스 후쿠야마가 다시 인용한 적이 있는《역사의 종말》에 나타날 가슴이 없는 육욕주의자들은 '초월(성스러움)'을 추방하고 세속에서의 감각적 쾌락과 힘에의 의지를 추구해 왔다. 그 결과 지난 20세기를 문명과 야만의 전쟁역사로 장식해온 인류는 이제 그동안 내팽개친 초월의 가치를 다시 회복해야 함을 절실히 느끼고 있다. 날로 심해져가는 기후위기, 에너지·식량문제, 민족·종교간 갈등, 각종 우울증과 정신질환, 양극화 등 일일이 열거할 수 없을 정도의 많은 문제들이 우리의 삶을 총체적으로 위협하고 있다.

　이러한 위험한 상황 속에서도 우리는 무한경쟁과 자본의 논리에 편승하며 나만 희생양이 되지 않으면 된다고 하는 이기적인 삶의 방식에 빠져 있다. 이웃과 주변의 관계에 대해 귀찮아하면서도 정작 자신은 힐링이 필요하다며 자연을 찾아다닌다. 이러한 삶의 모습 속에서 우리는 죽을자로서의 거주함의 참뜻을 잊고 사는 것은 아닌가? 만물과 인간세상이 상대를 '사랑하면서 기뻐하려는 정적인 충동'인 심정(心情)적 가치에 의해 돌아간다는 우주의 원리를 망각하고 사는 것은 아닌가?

오늘날 우리는 현대문명의 위기를 극복하고 보다 나은 삶과 세상을 위한 새로운 생각, 새로운 가치관을 모색해야만 한다. 그렇지 않고는 인류가 공멸할 수도 있다는 불안에서 우리는 자유로울 수 없는 현실을 살고 있다. 인간의 이기심과 소유욕의 조절, 자연환경과의 공생을 위한 생각과 삶의 패러다임을 우리는 어떻게 만들어가야 하는가?

우리가 살아온 지난 20세기가 전쟁과 야만의 역사임을 알고 인간중심의 이성의 역사, 물질문명의 역사만으로는 더 이상 80억 인류의 평화를 보장할 수 없다는 사태를 일찍이 예감하신 문선명 선생께서는 1992년, 세계주요 언론인들과 함께한 자리에서 다음과 같이 말씀하셨다.

"본인은 밝아 오는 21세기를 정신문명의 시대라고 선포했습니다. 물질문명의 시대는 저물어 가고 있습니다. 우리 세계가 황혼을 걷어차고 다시 살기 위해서는 공산체제의 멸망으로 야기된 이념의 공백을 메워주고, 자멸이 아니면 심판의 날을 기다리는 자유세계를 같이 구출해낼 수 있는 정신적 문예부흥이 일어나야만 합니다.

이는 곧 정신적 인간혁명을 감행할 수 있는 새로운

사상과 이념의 창출이 있어야 함을 말하는 것입니다. 본인은 새 시대 개척자의 사명을 소명받았습니다. 그 것은 21세기를 지향하는 새로운 정신문명의 개척자라 는 뜻입니다. 본인은 하나님으로부터 내려 주신 확고 한 새로운 시대의 이념을 선포한 바 있습니다. 그 이념 이 곧 하나님주의요 두익사상입니다."(21세기 언론인 의 사명, 제12차 세계언론인회의,《평화경》, 859)

이러한 예언자적 통찰을 새롭게 학문적으로 디자인 해야하는 오늘이다. 최근 러시아-우크라이나 전쟁으 로 날로 심각해지는 자국 이기주의와 패권경쟁의 확산 은 21세기를 사는 우리들을 여전히 우울하게 만들고 있다. 우리가 지난 세기 UN이라는 국제기구를 만들어 가며 세계평화를 말해온 역사마저 실은 권력과 패권경 쟁의 역사였단 말인가? 진정 우리들 현실은 돈과 권력의 역사가 다란 말인가?

　문선명·한학자 선생께서 가르치신 통일원리, 두익사상에 의하면, 하나님과 인간의 본질은 심정(心情)에 있으며 그 심정을 중심으로 부자(父子)의 관계로 엮어져 있다. 따라서 뗄래야 뗄 수 없는 사랑과 생명의 그물망으로 연결되어 있으며 이는 만물만상에도 그대로 통한다. 만물만상과 인간이 생명과 평화의 그물망으로 연결되어 있으며 서로서로 '위하여 구조' 속에서 운동, 성장, 발전하게 되어 있다.

　일생을 '평화를 사랑하는 세계인으로', '평화의 어머니'로 살아오신 문선명·한학자 선생의 하나님주의, 두익사상(통일사상)은 21세기 정신문명의 시대를 위한 근본가치관이라 할 수 있다. 이제 우리는 현대문명이

양산하고 있는 수많은 글로벌 위기들 - 기후변화, 종교간 갈등과 테러리즘, 에너지·식량부족 등 - 을 극복하고 양심혁명, 심정혁명, 문화혁명에로 인도하는 심정진리의 숲길에로 발걸음을 옮겨야만 한다.

우리의 본성인, 심정에 기반한 심정문화세계를 창건할 수 있는 심정의 진리와 축복의 정치를 실현해야 한다. 오늘을 사는 우리들의 손과 발을 통하여 그러한 진리와 축복의 역사를 실천할 때, 세상은 신통일한국, 신통일세계에 다가갈 수 있을 것이다.

인류가 통일사상에서 말하는 심정세계, 심정적 가치에 더 깊게 눈뜨는 날, 21세기 생명의 역사, 평화의 역사 쓰기는 한반도로부터 가능하다는 담론이 날로 날로 확산될지 모를 일이다. 그리고 이러한 일을 현실로 만들어내는 것은 먼저 (심정적)근원 가까이에서 살아온

자가 해야만 하는 숙명적 과업일 것이다.

독일의 위대한 시인 횔덜린은 이런 말을 한 적이 있다. "근원 가까이 사는 자는 그곳을 떠나기 어렵다." 근원세계, 고향세계를 먼저 맛본 우리는 위험이 가장 정점에 달한 오늘날, 우리 삶의 가장 가까운 곳에서부터 이 심정진리사건을 일으켜야 할 것이다. 깨어 있음과 감사의 마음으로 생명과 평화를 사랑하는 세계인의 삶에 동참해 보자. 심정문화세계 창건을 위한 새 가치관을 연구하는 일에 뜻을 모아 보자.

이렇게 뜻을 모으고 연구를 진행할 수 있도록 THINK TANK 2022 포럼을 열어주시고 지원해주신 한학자 총재님께 깊은 감사의 마음을 올린다. 신통일한국의 비전을 제시하시고 평생을 '평화의 어머니'로서 살아오신 그 위대한 실적 앞에 존경과 경외의 마음을 올리지 않을 수 없다. 신의 여성성 발견과 모성애에 대한 깊은 철학적 통찰은 미래인류에게 새로운 영감과 혜안을 줄 것이다.

그리고 이러한 총재님 양위분의 평화사상, 통일사상을 〈통일사상요강〉과 〈공산주의의 종언〉이라는 형태로 정리하여 신통일한국을 위한 학술인의 모범적 역할을 하신 故 이상헌 선생님께도 심심한 감사의 마음을 올린다. 후배들의 역할은 그러한 심정진리의 숲길을 잘 따라가는 것이라 생각한다.

끝으로 필자에게 아주 특별한 2022년을 만들어준 세계평화통일가정연합 윤영호 세계본부장님께도 심심한 감사의 말씀을 드린다. 'THINK TANK 2022 정책연구원'을 출범시켜 신통일한국의 비전과 정책을 구체적으로 고민하고 만들어갈 수 있게 해주셨다. 그리고 이러한 연구의 길에서 언제나 이정표의 역할을 해주시는 박정진 소장님과 문병철 수석연구위원님께 또한 이 자리를 빌려 고마운 마음을 전하고 싶다. 아울러 어려운 출판계의 사정에도 불구하고 신통일한국을 위한 THINK TANK 2022 정책연구원 총서시리즈를 출판해주시는 신세림의 이혜숙 사장님께도 감사의 인사를 전한다.

심정문화세계를 위한 새로운 사상을 연구하고 교육하는 일은 신통일한국, 신통일세계를 앞당기는 성업임을 확신한다.

2022년 12월

경기도 가평군 설악면

THINK TANK 2022 정책연구원에서 **조형국**

# 제1부

# 현대문화적 삶의 위기와 전향(轉向)

# 제 1 장

## 현대문화(인), 왜 허무주의에 빠지는가 : 현대에서의 신에 대한 이야기

～ 이 장에서 우리가 함께 생각해 볼 주제는 〈현대문화(인), 왜 허무주의에 빠지는가〉이다. 서양철학사에서 특히 근대이후 어떻게 해서 인간주체 중심의 세계관 속에서 인간과 자연이 분리되고, 계몽의 세례 가운데 성스러움과 신의 담론이 생활세계로부터 쫓겨나게 되었는가 하는 문제를 전반적으로 다루어볼 생각이다. 근대 형이상학의 정점, 즉 니체에 와서 왜 신의 죽음이 선포되고 20세기 이후 마르크스, 다윈 그리고 프로이드중심의 현대문화 담론 속에서 기존의 전통적

세계관과 인간관이 무너지게 되었는가 하는 점도 심도 있게 논의해보고자 한다.

이러한 시대적, 학문적 담론의 분위기 속에서 또 다른 한편에서 많은 지성인들은 근대의 위기, 세속화된 현실을 극복하기 위한 새로운 생명의 철학, 평화의 논리를 모색하고 있다. 그것은 철저히 이성중심, 존재중심, 인간중심이라는 서구 근·현대문화의 한계가 노출됨과 더불어 새로운 삶의 논리와 문법을 찾아야만 하는 시대적 요청 때문일 것이다. 이와 같이 이성중심, 존재중심, 인간중심이 아닌 다른 삶의 논리와 문법을 찾아야만 하는 오늘날, 문선명·한학자 선생의 사상인 통일사상을 연구하는 우리들은 어떠한 學적인 구성을 통해 시대정신을 선도하고 또 세상 앞에 평화의 가치를 제시할 수 있을 것인가? 사상은 그 시대의 아들일 수밖에 없으며 삶의 온갖 문제와 씨름하는 가운데 잉태되는 정신적 노작(勞作)임을 상기해 본다면, 오늘을 고민하는 통일사상연구자들 또한 21세기적 상황이 제공하고 있는 디지털 기술문명과 4차 산업혁명 그럼에도 불구하고 우리시대를 힘들게 하고 있는 인간 소외와 연대·협력을 회복할 수 있는 새로운 가치관을 모색해야 할 것이다.

이러한 문제의식 아래 필자는 지난 20세기 한국 땅에서 문선명·한학자 선생에 의해 잉태된 **통일사상**을 **심정철학**이라 규정짓고[1] 그 심정이라는 개념이 함의하고 있는 생명철학적, 평화문화적 성격을 부각시켜보고자 한다. 이러한 거대한 이야기를 풀어가기 위해 먼저 첫째, 지난 20세기를 반성해 보는 계기로서 니체와 허무주의에 대해 생각해 보고자 한다. 지난 삶에 대한 반성 없이는 새로운 미래를 생각할 수 없듯이 우리가 살아온 20세기 현대문화가 왜 허무주의 문화로 전락할 수밖에 없었는가에 대해 되돌아보고자 하는 것이다. 그리고 허무주의적 부정의 삶의 현상들에 대해

---

1) 통일사상을 심정철학이라고 규정짓는 것은 필자의 자의에 의해서가 아니라 문선명 선생께서 이미 다음과 같은 말씀을 한 것에서 그 근거를 확보하고 있다. "끝날에 있어 종교는 심정종교, 철학은 심정철학, 주의는 심정주의, 사상은 심정사상으로 각각 해명되어야 한다." 세계평화통일가정연합, 『축복가정과 이상천국 I 』, (서울: 성화사, 1998), 201.

서도 간단히 언급하고자 한다. 둘째, 20세기 현대문화가 지니고 있는 **허무주의의 뿌리**에 대해 고찰해 보고자 한다. 여기에서는 니체와 더불어 20세기 현대문화 상황을 결정지은 세 철학자, 즉 마르크스, 다윈 그리고 프로이드에 대해 살펴볼 것이다. 마지막으로 통일사상의 입장에서 본 허무주의 문화의 극복방안, 다시 말해 훈독문화의 시대적 의의와 3대 축복의 삶의 방식(Modus Vivendi)을 통한 심정문화세계 창건에 대해 역설하고 문선명·한학자 선생의 심정철학, **심정진리사건**이 제시하고 있는 예언자적인 통찰에 대해 주목하고자 한다.

# 1. 니체(Nietzsche, 1848-1900)[2]와 허무주의

서양에서는 종교개혁(언어혁명)이후, 르네상스(의식혁명)와 프랑스혁명(정치혁명) 그리고 산업혁명(경제혁명)을 거쳐 근대화가 이루어졌다. 그리고 이러한 근대화를 거치면서 점차 서양인들의 의식 속에는 삶의 모든 비밀코드를 **이성의 열쇠**로 열 수 있다는 경향이 팽배해졌다. 그러다가 19세기 서양문명 속에서 그 시대를 거슬러, 즉 반시대적으로 살다간 한 철학자가 있었는데 그는 자신이 산 시대를 '허무주의 시대'로 규정짓고 1900년에 죽음을 맞이했다. 그 철학자가 바로 니체이다. 니체의 죽음과 더불어 서양근대철학이 끝나고 현대철학이 시작되는 셈이다. 니체는 죽기 한 20여 년

---

2) 『통일사상요강』에서는 니체 철학에 대한 비판을 주로 「원상론」과 「본성론」에서 다루고 있다. 「원상론」에서는 니체의 '권력에의 의지'(Wille zur Macht)에 대해 「본성론」에서는 '권력에의 의지'뿐만 아니라 '초인사상', '모든 가치의 전도', '신은 죽었다' 등에 대해 비판하고 있다. 통일사상연구원, 『통일사상요강(頭翼思想)』, 성화사, 1993. 제1장 「원상론」, 제3장 「본성론」참조.

전, 그러니까 1880년 말쯤 해서 허무주의의 도래를 예언했다. 니체가 자신의 시대를 특징짓는 말로 택한 것이 바로 **허무주의**이다. 니체의 말을 직접 들어보기로 하자.

"내가 얘기하고 있는 것은 앞으로 전개될 200년의 역사이다. 내가 서술하는 것은 도래하는 것, 더 이상 다르게 다가올 수 없는 것, 즉 허무주의의 도래이다. 이 역사는 지금 미리 얘기할 수 있다. 왜냐하면 이 역사에는 필연성마저도 작용하고 있기 때문이다. 이러한 미래는 이미 백 개의 징후로 나타나고 있다. 이러한 운명은 어디에서나 자신을 예고하고 있다."[3]

이렇게 니체는 지금부터 120여 년 전 '허무주의의 도래'를 예언했다. 그는 그때 앞으로 전개될 200년의 역사라고 얘기했다. 니체의 이 예언이 맞아 들어가기

---

3) F. 니체, 『권력에의 의지(Der Wille Zur Macht)』, 강수남 옮김, (서울: 청하, 1988), 25.

라도 하듯 우리 시대는 바로 그 200년 안에 들어 있고 지금 우리는 세계 곳곳에서 이 허무주의의 망령을 볼 수 있다. 허무주의란 무엇인가? 허무주의는 독일어 Nihilismus의 번역어이다. 그래서 번역을 하지 않고 그냥 니힐리즘이라고도 말한다. 허무주의는 존재하는 어떤 것에도 의미나 목표가 없기 때문에 '모든 것이 허무하다'고 주장하는 철학적인 흐름이다. 인간의 정신적인 문화를 이루고 있는 진리나 도덕, 종교도 모두 그 자체 아무런 의미와 가치가 없다는 것이다. 한마디로 모든 정신적인 가치를 부정하는 주장인 셈이다. 그렇다면 이러한 주장이 이야기하는 것과 이 주장에서 귀결되어 나오는 것을 간단히 정리해 보도록 하자.

이미 말했듯이 허무주의에서는 모든 것이 다 무의미하다, 세상에 '의미 있는 것이란 없다' 라고 하는 주장이 가장 밑바탕에 깔려 있다. 그렇다면 진리와 관련하여 어떠한 절대진리도 없다고 이야기한다. 우리가 진리라고 믿고 있는 것, 그것은 알고 보면 거짓이고, 속임수이며 권력을 가진 자들의 두 얼굴을 가진 이데올

로기일 뿐이다. 뭔가 자기가 얻고 싶은 것을 획득하기 위해 진리라는 포장을 했을 뿐이라는 것이다. 그 다음 도덕도 윤리도 없다는 것이다. 도덕, 윤리도 강한 자들이 약자들을 쉽게 지배하기 위해 끌어들이는 수준 높은 통치수단일 뿐이다 라는 것으로 귀결된다. 그 다음 종교도 없다. 종교라는 것도 의미를 찾아 방황하는 민중들을 호리는 환각제일 뿐이다. 그 귀결은 "신은 죽었다."일 것이다. 니체에 의하면, 교회란 무엇인가? 교회라는 것은 죽은 신의 무덤 위에 지은 건축물일 뿐이다. 따라서 정신적인 가치란 없다. 정신적인 가치라는 것도 육체적인 욕망을 다스리고 인간의 노동력을 극대화시켜 이용하려고 만들어낸 허구이며 지배계층의 술수이다. 곧 육체적인 욕망에 대한 왜곡된 시련인 것이다. 육체적인 욕망을 얻을 수 없는 사람들을 위해 정신적인 어떤 것을 만들어 놓고 그것으로 육체적인 욕망억제에 대한 보상감을 주는 대리만족 장치라는 것이다. 그러니까 실제로 현존하는 것은 우리의 〈육체〉와 살고자 하는 〈의욕〉 뿐인 셈이다. 그러니까 육체적 욕망의 극대화, 이것이 허무주의를 살아가는 삶의 요령이라고 할 수 있다. 여기서 추구해야 할 것은 최대의 쾌락이며 그것이 곧 최대의 행복이다. 여기서 중요하게 등장되는 말들은 쾌락, 도취, 열광, 오르가즘, 엑스타시, 광기, 폭력, 마약, 알코올 중독, 섹스 중독 등일 것이다. 최대의 쾌락을 누리는 것, 그것이 최고로 행복한 상태이고, 몸을 중심으로 하여 얻을 수 있는 온갖 쾌락, 그것이 바로 이 사람들이 추구하는 것이다. 이런 상태에서 의미의 물음이나 이성적인 돌파구를 찾는다고 할 때 해결책은 딱 한 가지, 즉 자살만이 있을 뿐이다. 모든 것이 의미가 없다. 이러한 상황을 벗어나려고 노력한다면 벗어날 수 있는 길은 단 하나일 것이다. 합리적으로 의미 있게 모든 일을 처리하기를 바란다면 길은 오직 하나, 스스로 목숨을 끊어 의미 없는 모든 것들로부터 '의미 있게' 떠나는 것이다. 그러므로 여기에서 죽음의 미학, 자살의 미학이 태동되어 나온다. 그래서 유명한 실존철학자 까뮈도 이렇게 얘기했던 것이다. "부조리한 삶, 그것에 대한 철학적인 귀결은 자살이다." 부조리한 삶에 이성적인 반성으로 대처할 수 있는 해결 방식은 자살뿐이라는 것이다. 이상이 니체와 허무주의에 대한 설명이다.

그렇다면 이제 과연 현대문화, 우리 사회에 허무주의가 어떤 식으로 만연되어 있는지 특징적인 현상들을 통해 알아보도록 하자. 최근 언론에 자주 오르내리는 자살사이트라는 것이 있다. 그런데 문제는 이러한 자살사이트에 들어오는 네티즌이 다양한 계층이고 그수 또한 엄청나다. 이러한 사이트를 통해 동반자살하는 경우가 빈번하게 발생하고 있다. 날로 심화되는 부익부빈익빈의 사회 양극화와 물질만능주의, 쾌락주의, 한탕주의라는 삶의 분위기가 맞물려 우리 삶에는 별다른 의미가 없다는, 즉 허무주의가 팽배해지고 있다. 이러한 현상을 보면서 필자는 우리 사회도 이제 서구화되어 근대화의 마지막 현상이라 할 수 있는 허무주의가 우리의 정신과 삶의 세계에 만연하게 되었다고 생각한다. 더 나아가 필자는 우리사회에 만연된 이 **허무주의 풍조**가 바로 통일사상에서 강조하는 **3대 축복의**

**삶의 방식**을 가치 없고 불편한 것으로 여기게 만드는 이 시대의 악마성이라고 본다. 3대 축복이 실현된 삶(문화)은 바로 아름다운 **관계의 문화**라고 할 수 있다.

　개인의 마음과 몸, 가정에서 남편과 아내 그리고 인간과 자연, 그 각각의 사이를 **수수작용**이라는 천주(天宙)의 뜻에 의해 아름답게 꽃피우는 관계의 문화 말이다. 그런데 허무주의 풍조는 이 아름다운 관계의 문화를 해체하고 파괴하는데 그 심각성이 있다. 그 결과가 바로 오늘날의 **개인주의**, **프리섹스** 그리고 **생명죽임**(생태계파괴)의 현실로 나타나고 있는 게 아닐까.

## 2. 허무주의적 삶의 현상들 :
## 개인주의, 프리섹스, 환경문제

독일의 현대철학자인 칼 야스퍼스는 『철학적 신앙』에서 현대의 철학적 불신앙의 세 가지 예로 **데몬론**(Dämonologie), **인간의 신격화** 그리고 **허무주의**를 들고 있다. 이것들은 열려 있거나 혹은 숨겨진 채로 서로 매우 밀접하게 관련되어 있다고 강조하면서, 특히 허무주의적 부정의 예로 다음과 같은 것을 들고 있다. 첫째, 신 같은 것은 없다. 둘째, 신과 인간 사이에는 어떠한 관련도 없다. 셋째, 신에 대한 의무란 있을 수 없다.[4] 야스퍼스가 본 현대문화에 짙게 배인 허무주의적

---

4) K. 야스퍼스, 『철학적 신앙』, 신옥희 옮김, 이화여자대학교 출판부, 1979, 115-136 참조. 야스퍼스는 니체와 키에르케고르에 의해 초래된 현대의 정신적 상황을 이야기하면서 현대의 특징을 과학과 기술의 시대, 믿음의 상실 그리고 실존철학의 시대라고 본다. 이러한 야스퍼스의 실존사상과 세계철학의 가능성에 대해 통일사상의 「원상론」과 「본성론」을 중심으로 진단하고 통일사상의 세계철학으로서의 가능성을 논한 점에 대해서는 다음의 글을 참조할 수 있다. 최양석, 「현대의 정신적 상황과 세계철학의 가능성」, 『통일사상과 현대사회』, 한국동서철학회·선문대학교 연합학술대회 2003. 5. 24, 1-31.

성격은 한마디로 전통 기독교의 진리를 근본적으로 부정하는데 있다고 할 수 있다. 인간의 이성과 권력의지에 의해 전통적인 기독교의 신은 죽었으며 다시 올 새로운 신은 아직 도래하지 않은 이중의 밤의 시대 속에 놓인 현대인들은 화려한 네온싸인 아래 술기운에 흥청거리고 있지만, 사실은 마음이 너무나 황폐화된 칠흑같은 어둠에서 허우적거리고 있는 것이다. 필자는 이러한 현대문화와 그 문화의 분위기아래 도취되어 살아가는 현대인들의 삶 속에서 나타나고 있는 많은 현상들 중 특히 **개인주의**와 **프리섹스** 그리고 **환경문제**의 현실에 대해 생각해보고자 한다. 필자가 특히 이것들에 대해 고찰해 보고자 하는 이유는 이 세 가지 현상이 바로 통일사상에서 강조하는 3대 축복의 삶, 즉 창조본연의 삶을 해체하고 파괴하고 있기 때문이다.

먼저 필자는 **개인주의**를 고대 그리스철학의 원자론에서부터 시작된 서양인들의 실체 형이상학이 중세의 보편논쟁을 거쳐 근대 라이프니츠의 단자론 그리고 현대 키에르케고르의 단독자 개념에 이르기까지 연결되어 있는 아주 뿌리 깊은 서양인들의 의식이라고 생각한다. 물론 이 의식 때문에 인권이라든가 자유 그리고 민주주의의 다양한 정신들을 성숙시킬 수 있었다. 그러나 모든 것을 원자로 환원시켜 사물의 실체를 파악하는 방식(환원론적 해석학)과 개인 아니면 국가, 즉 개체와 전체 이 둘 중 하나로 모든 것을 설명하려는 그들의 논리는 우리의 삶을 너무나 대립적으로 분열시켜 놓았다. 개체와 전체, 이성과 감정, 주체와 객체, 신과 인간, 남자와 여자, 주인과 노예 등 서양인들의 삶속에 녹아있는 이러한 이분법적 사유의 태도는 급기야 선교와 계몽이라는 미명아래, 전 세계를 유럽의 식민지로 만드는 야만적인 행위의 합리적인(?) 근거가 되기도 했다. 그러나 20세기 중반이후 이러한 논리는 더이상 통하지 않게 되었다. 그래서 철학(학문)계에서도 현상학적 운동의 붐이 일면서 상호주관성, 생활세계 개념 등의 문제들이 초미의 관심사로 떠올랐던 것이다. 더 이상 유럽만이 제1세계가 될 수 없으며 그네들의 기독교만이 유일한 종교가 될 수 없다는 것이 세계사적인 흐름이 되어가고 있는 현실인 것이다. 앞으로 21세기에는 초종교, 초국가적인 연합운동이 활발하게 전개될 것이다. 이러한 운동, 의식의 변화만이 세계평화로 가는 지름길이기 때문이다. 이상이 개인주의 의식과 맞물려 있는 서양인들의 원자론적 형이상학에 관한 설명이다.

　개인주의 의식은 형이상학적 차원에서 영향력을 행사했지만 이러한 형이상학이 구현된 실제 서양인들의 삶의 세계, 삶의 문화에서도 여실히 드러나고 있다. 철학(형이상학)과 현실은 뗄래야 뗄 수 없는 공속(共屬)의 관계에 놓여 있다. 〈존재〉를 지속적 〈현존(An-Wesen)〉으로 파악한 서양인들의 사유방식이 그대로 그네들의 건축, 미술, 음악, 종교 등 다양한 삶의 영역에까지 미치고 있다. 특히 개인의 마음과 몸, 정신과 신체의 관계도 철저히 이분법적으로 갈라서 생각했던 것이다. 특히 데카르트 같은 사람은 정신과 신체를 두 실체로 보고 이 두 실체간의 관계로 고심했지만 결국 송과선을 통해 들어오는 이상한 신을 상정하게 되고 말았던 것이다.

통일사상에 의하면, 사람 개개인은 마음과 몸, 영인체와 육신의 관계로 되어 있으며 이 둘은 각각 하나님의 이성성상(二性性相)의 대상으로 분립된 것이기에 서로서로 수수작용을 하여 하나님을 중심한 **개체적인 사위기대**를 조성하려는 **지향성**을 갖고 있다. 그래서 통일사상, 심정철학에 의하면, 온전한 **개인**으로서의 참된 사람이 되기 위해서는 하나님의 참사랑을 중심하고 마음과 몸이 조화통일을 이루어야 하는 것이다. 그리고 또한 심정적 존재(인간)로서의 개인은 상, 하, 전, 후 그리고 좌, 우의 수많은 **상대적 관계를 관계**로서 유지할 때 비로소 진정한 의미에서의 개인(인격)이 되는 것이다. 그런데 오늘날 서구에서 왜곡되어 수입된, 그런 상태로 한국사회에서도 팽배하고 있는 개인주의는 이러한 모든 상대적 관계를 단절시키는 모습으로 퍼지고 있다. 자기를 둘러싼 우주적 생태그물과의 모든 관계를 단절시키는 개인주의는 바로 자기 자신마저 죽이고 있는 것이다. 그 죽어가고 있는 자신의 아픈 영혼을 달래기 위해 술과 마약 그리고 육체적 탐닉에 빠져보는 것이다. 한국시장도 좁아서 이젠 거대한 외국시장에 까지 진출해 영혼의 상처를 달래보려 하지만 결국 개인주의는 하나님의 제1축복인 개성완성, 인격완성을 거부하고 파괴하는 우리 안의 현대문화적 악마성의 표현인 것이라는 점을 부인하기 힘들 것이다. 그래서 문선명 선생께서는 개인주의에 대해 다음과 같은 입장을 표명하실 수밖에 없는 것이다.

"개인주의가 어디 있습니까? 자기에게 있어서 자기만을 주장할 부분이 하나도 없습니다. 자식이 부모님의 사랑으로 어머니의 뱃속, 난자로부터 자라 태어날 때, 99.999%가 어머니의 뼈와 피, 살입니다. 그리고 0.001% 아버지의 정자 하나가 합해져서 태어나는 것입니다. 거기에는 자기라는 개념이 있을 수 없습니다. 누구나 태어날 때 자기 자신만이란 개념은 없었던 것입니다. 아무리 잘났다는 사람도 자기 혼자 잘나게 됐다고 말할 사람은 하나도 없습니다. (중략) 뼈나 피, 살이나 전부 어머니 뱃속에서 물려받았던 것입니다. 이 몸의 중요한 부분들은 어머니의 몸의 연장이라는 사실을 인정해야 됩니다. 우리 몸의 모든 요소는 난자와 정자에 포함되어 있었다는 것입니다. 예외가 없는 것입니다. 그러므로 개인주의는 있을 근거가 없습니다."[5]

다음으로 허무주의적 삶의 부정으로 **프리섹스**에 대해 생각해 보기로 하자. 사실 서양문화사의 입장에서 보더라도 오늘날과 같은 이러한 프리섹스 의식 확산의 역사는 짧은 것이다. 고대와 중세의 신학의 시대를 거쳐 근대의 과학의 시대 그리고 현대의 기술의 시대를 지나오면서, 특히 20세기 들어 기독교가 힘을 완전히 상실해 가면서 나타난 현상이 바로 프리섹스 풍조이다. 여기에는 20세기의 문화적 상황을 각인시켰던, 마르크스, 다윈 그리고 프로이드의 무신론적 사상의 영향도 빼놓을 수 없을 것이다. 어쨌든 이러한 문화

---

5) 세계평화통일가정연합, 「참사랑을 중심한 참된 가정과 참된 우주」, 『축복가정과 이상천국 I 』, (서울: 성화사, 1998), 61-62.

적 풍조는 이제 서양만의 문제가 아닌 21세기 전 지구적인 문제가 되었다. 전 세계 어디라도 이 프리섹스 그리고 에이즈의 문제에서 자유로울 수 있는 나라가 없는 지경에까지 이르렀으니 말이다. 필자가 보기에 이 문제는 단순히 에이즈 치료 백신을 개발하고 피임기구 사용법을 알려주는 성교육으로 해결될 수 있는 문제가 아니다. 근본적으로 性에 관한 가치관, 생식기에 대한 철학적 의식혁명이 일어나지 않는다면 해결될 수 없는 세계적인 문제인 것이다.[6]

이 프리섹스 의식과 현상은 바로 하나님의 제2축복인 가정완성을 철저하게 파괴하는 데 그 악마성을 갖고 있다. 하나님의 이성성상의 실체대상인 남성(남편)과 여성(아내)이 참사랑을 중심하고 하나되어 자녀를 낳아 **가정적인 사위기대**를 조성하려는 본성의 **지향성**

---

6) 필자는 문선명·한학자 선생께서 인간의 생식기에 관한 깊은 철학적, 종교적 가르침을 주신 것은 21세기 생명과 평화의 시대를 예비시키기 위함이라고 본다. 문선명·한학자 선생의 절대 性 사상과 참가정운동에 대한 자세한 내용은 다음을 참조. 문상희, 『性經(절대 성, 참가정문화 정착을 향하여)』, (서울: 도서출판 청어, 2016)

을 가로막고 왜곡시키는 프리섹스 풍조는 현대인들을 거짓기쁨에 취해 얼이 썩은 이, 즉 어리석은 이들로 파괴해가고 있는 거대한 현대문화가 배태한 암세포적 현상인 것이다. 일찍이 미국에 가서 '갓 블레스 아메리카!'를 외치시며 하나님의 뜻을 전달한 문선명 선생께서는 이러한 서구사회의 프리섹스현상을 간파하시고 대안으로 제시한 것이 절대성(Absolute Sex)운동, 순결운동인 것이다. 어떤 이들은 이것을 두고 '너무 고답적이고, 여성 비하적인 것 아니냐' 혹은 '시대착오적인 것 아니냐'는 등등의 말들을 하고 있지만 문선명 선생의 심정을 중심한 성철학적 가르침에 대해 숙고해 본다면 그러한 비판은 자연스럽게 해소될 것이다. 위하는 참사랑과 심정의 논리로 다스려지는 천일국, 하나님의 사랑을 중심한 그 나라를 지금, 여기에 실현시키기 위해 노력하시는 문선명 선생께서는 자신의 사명을 바로 이 프리섹스를 종식시켜 순결과 참가정 운동을 통한 평화세계를 이루시는 것으로 인식하시는 것이다.

"인간의 본심은 극도의 개인주의나 어처구니없는 사생활 보장을 원하고 있지 않습니다. 우주와 국가, 동네와 마을 그리고 부모의 사랑을 받으며 살고 싶어하는 것이 우리의 본심이 원하는 바입니다. 그러나 그렇지 못한 반대의 길을 가다보니 양심이 불타버리고 본심과의 상충을 느끼게 되어 차라리 약이라도 먹고 자살하는 것이 낫겠다고 판단, 스스로 목숨을 끊는 현상이 점점 늘어가는 것입니다. '심은 대로 거둔다'는 진리가 맞아떨어지는 것을 목격하는 셈입니다. 아담 해와가 에덴동산에서 무슨 씨를 심었습니까? 프리섹스 시드 (Free Sex Seed), 즉 절제 없는 성관계의 씨를 심었어요. 그것을 부정할 수 있어요?"[7]

"하나님이 아담 해와에게 기대한 것이 무엇이었겠습니까? 절대 순결 사랑을 기대했던 것입니다. 앱솔루트 섹스(Absolute Sex)가 있는 곳에는 절대 순결 부부가

7) 세계평화통일가정연합, 「우주의 근본을 찾아서」, 『축복가정과 이상천국 I 』, (서울: 성화사, 1998), 49-50.

탄생하게 되며 자동적으로 프리섹스, 호모, 레즈비언이라는 말이 사라지게 되는 것입니다. 이러한 절대 순결 사랑찾기 운동을 세계적으로 펼치기 위하여 레버런 문은 일생을 바쳐 수난길을 극복해 왔고 이제는 승리의 팡파르를 울리며, 세계를 호령할 수 있는 때가 되었기 때문에 하늘 앞에 감사하는 바입니다."[8]

마지막으로 환경문제, 즉 하나님의 제3축복의 일그러짐 현상에 대해 생각해 보고자 한다. 통일사상에 의하면, 제3축복은 생태계(자연)에 대한 인간의 **주관권 완성**을 뜻한다. 하나님의 형상적 실체대상인 인간과 상징적 실체대상인 자연이 사랑과 미를 주고받아 하나로 어우러짐으로써, 하나님을 중심한 **주관적인 사위기대**를 이루는 것을 말한다. 그런데 앞서 살펴본 바에서 알 수 있듯이, 허무주의적 부정의 문화에 익숙해 있는 현대인들은 제1축복과 제2축복을 잃어감으로써 결

8)「우주의 근본을 찾아서」, 52-53.

국은 자신의 고향인 생태계, 자연까지도 잃어가는 이중적인 고향상실(Heimatlosigkeit)의 현실에 처해 있는 것이다. 하늘과 땅 그리고 하나님과 인간이 거울놀이를 통하여 서로가 서로에게 긴밀히 속해있다 라는 그 함께-속해-있음의 천주적 비밀을 알지 못하는 어리석은 인간들은 그 동안 근대화라는 명목아래, 생활세계에서 하나님을 쫓아버렸고, 자연을 이용의 대상으로만 착취하여 물질적 풍요를 자랑하여 왔다. 그러나 그 결과 오늘날의 모습이 어떠한가? 하나님을 죽인 자의 행로는 갈수록 쓸쓸해져 가고 있고, 생태문제에 관심을 갖지 않고 자기 배만 채우기에 급급했던 현대인들은 사실 자신의 몸이 죽어가고 있다는 걸 몰랐다는 것이다. 게다가 뒤늦게 서야 웰빙의 바람을 타고 자기 몸 가꾸기에 정신이 없는 현대인들의 모습은 정말로 얼이 썩은 모습들이지 않은가? 이제는 우리의 거의 모든 먹을거리들이 중국에서 이상한 유통구조에 의해 들어와 우리의 건강을 위협하고 게다가 유전자 조작 식품까지 나오고 있어 그야말로 몸 살려내기에 온통 돈과 정신을 쏟아 부어야 하는 실정이다.

지구의 소위 잘산다는 동네에서는 '살과의 전쟁'을 선포하고 국가적 정책의 차원에서 돈을 쏟아 붓고 있는데 똑같은 지구의 다른 동네에서는 굶어서 죽어가는 사람들이 넘쳐나고 있으니 21세기를 구원할 수 있는 힘은 정말이지 물질적인 것이 아니라 살리고, 모시고, 비우고, 나누려는 **마음의 개벽, 심정의 힘, 심정의 문화**에 있는 것이라고 하지 않을 수 없을 것이다. 우리가 마더 데레사의 '나눔 없이 평화 없다.'라는 메시지를 잊지 못하는 이유가 바로 여기에 있는 게 아닐까.

오늘날 현대인들의 제3축복 망각현상, 즉 수많은 환경문제의 현실은 사실은 쓰레기 재활용 기술이나 쓰레기 소각을 위한 거대한 부지확보와 같은 물질적인, 경제적인 차원만의 문제가 아니다. 바로 새로운 인식의 전환, 가치관의 출현을 요구하고 있는 것이다. 인간과 자연 그리고 하나님의 관계성을 제대로 읽어낼 수 있는 **새로운 생각과 삶의 패러다임**을 요구하고 있는 것이다. 바로 21세기가 절실히 요구하는 생각과 삶의 철

학을 필자는 **통일사상**이라 보고, 이 통일사상의 위대
성은 바로 '**심정**'개념에 있다고 본다. 하나님의 속성
특히 성상의 가장 핵심이 되는 부분으로서, 사랑을 통
해서 기쁘고자 하는 정적인 충동인 이 심정[9]은 철저히
한국문화적·역사적 배경 속에서 잉태된 철학적 개념
으로서, 하나님의 본질은 물론 하나님과 인간 그리고
자연(우주)의 관계의 그물망이 본래적으로 회복 가능
함을 설명할 수 있는 예언자적 통찰을 함의한 개념이
라 할 수 있다. 이제 우리의 과제는 심정진리사건으로
서의 통일사상을 21세기가 요구하는 환경철학(생태철
학), 생명철학, 더 나아가 평화의 철학으로 가꾸고 디
자인해가는 일일 것이다.

---

9) 통일사상연구원, 『통일사상요강(頭翼思想)』, 성화사, 1993, 58.

# 제 2 장

# 현대문화와 통일사상 :
## 현대문화적 삶의 위기(개인주의, 프리섹스, 환경문제)에 대한 통일사상적 조명

## 1. 허무주의의 뿌리
### - 신은 죽었다(Gott ist tot)

앞에서 우리는 허무주의적 부정의 삶의 현상들에 대해 생각해 보았다. 그리고 이 세 가지 현상, 즉 **개인주의**, **프리섹스** 그리고 **환경문제**의 현실은 통일사상의 입장에서 보자면, **3대 축복의 가치**를 잃어버린 결과라는 점을 강조했다. 그런데 이 세 현상의 공통점은 신을 쫓아내버린, 하나님이 떠나버린 인간의 욕망의 시장에서 벌어지고 있는 현상인 것이라는 점이다. 그렇기 때문에 **허무주의의 뿌리**는 **신의 죽음**과 깊은 관련이 있다. 니체는 '신의 죽음'이라는 시대적 상황을 다음과 같이 서술하고 있다.

"만약 신들이 존재한다면, 나는 내가 신이 아니라는 사실을 어떻게 참고 견뎌낼 수 있겠는가! 그러니 신들은 존재하지 않는다. 실로 나는 이 같은 결론을 끌어냈다. 이제는 그 결론이 나를 끌고 간다. 신은 일종의 억측이다. 그러나 그 누가 이 억측이 일으키는 번민 모두를 마시고도 죽지 않을 수 있으랴? 창조하는 자에게서 신념을, 독수리에게서 높이 날 수 있는 비상의 자유를 빼앗아야 하는가? 신이란 올곧은 것 모두를 왜곡하고, 서 있는 것 모두를 비틀거리게 만드는 하나의 이념일 뿐이다."[1]

---

1) 니체, 『권력에의 의지』, 141-142.

허무주의는 사실 서서히 보이지 않는 마수를 오래 전부터 뻗쳐왔다. 허무주의의 마수가 효력을 발휘하기 위해서는 제일 먼저 신을 쫓아내야 했다. 신을 우리의 일상생활 안에서 쫓아내야 했었다. 하이데거에 의하면, 니체는 서양 근대 형이상학의 완성자이다. 근대의 전 과정이 이미 신을 서서히 목 조르면서 죽여 온 그러한 역사적인 과정이었다. 아니 어쩌면 중세 때 이미 신을 위한 교수대(단두대)가 마련되었다고 할 수 있겠다. 토마스 아퀴나스는 신존재 증명을 위한 다섯 가지 길이 있다고 했다. 그때 그는 이미 다섯 개의 신의 관을 짜고 있었던 것인지도 모른다. 신존재 증명을 위한 다섯 가지 길, 그것은 역으로 만약 그 다섯 가지 길이 잘못된 길이든 그 길로써 신을 증명할 수 없다고 한다면 신은 존재하지 않는 것이 되는 것 아닌가? 신에 이르는 다섯 가지 길, 이제 그렇게는 신존재 증명을 할 수 없다는 것을 누구나 다 알고 있다. 토마스 아퀴나스 자신도 말년에 자신이 신에 대해 쓴 그 모든 것이 쓰레기에 불과하다고 개탄하지 않았던가. 신과의 합일이라는 영성적 체험을 한 뒤 그는 자신의 평생의 신학자로서의 모든 노력이 헛되었음을 고백했다. 바로 이렇게 중세 자체가 신에 접근할 수 있는 유일한 길로 이성적인, 합리적인 길만을 생각했던 것이다. 즉 오직 이성적인 길, 합리적인 길, 논리적인 길, 계산의 길로만 신에게 이를 수 있다고 여겼던 것이다. 중세 자체가 소위 말하는 앎과 믿음, 그 둘을 결합시킨다고 하면서 모든 믿음을 합리화시키려 노력했던 것이다. 그 노력의 결실이 근대에 꽃피게 되고 그것은 결국 신의 죽음의 선포와 더불어 신 죽음의 신학으로까지 연결되었던 것이다. 합리화시킬 수 있는 믿음만을 믿음이라 본 것. 머리, 두뇌, 이성으로만 하나님을 접할 수 있고 경험할 수 있다고 본 것, 그것이 바로 하나님에게로 가는 참된 길을 차단해 버린 셈이 되었던 것이다. 하나님에 이르는 다른 모든 길들을 배제하였기 때문에 그 길만을 따라갔는데, 그 길의 끝에 하나님은 없고 고무풍선처럼 부푼 인간의 욕망과 오기만이 떡 버티고 서 있었던 것이다.

## 2. 마르크스, 다윈, 프로이드와
   20세기 현대문화

서양문명의 기초인 기독교와 (플라톤)철학(신학)에서 신의 죽음이 선포되고 형이상학의 존재-신-론적 구성틀(Die Onto-Theo-Logische Verfassung der Metaphysik)속에 갇혀버린 하나님은 박제화되고 박물관에 전시되어 가끔 오는 관람객들을 위한 문화적 악세사리가 되어 버렸다.[2] 이러한 시대적인 물결에 힘입어, 20세기에 들어서는 더욱 거세게 무신론적 경향이 학문세계뿐만 아니라 생활세계에까지 깊게 침투되었던 것이다. 학문과 생활은 같이 가기 때문이다.

20세기 프랑스가 낳은 세계적인 철학자인 폴 리쾨르에 의하면, 20세기의 현대문화적 상황을 결정한 세 사상가는 바로 마르크스, 니체 그리고 프로이드이다. 리

---

2) M. Heidegger, "Die Onto-Theo-Logische Verfassung der Meta-physik", *Identität und Differenz*(GA11), Neske Pfullingen, 1978, 64-65 참조.

쾨르는 이들의 공통적인 학문적 경향을 일컬어 '**의심의 해석학**(Hermeneutics of doubt)'이라고 부른다. 니체의 허무주의에 관해서는 앞에서 살펴보았기에 여기에서 필자는 니체 대신 다윈을 함께 생각해 보고자 한다. 찰스 다윈은 단순한 생물학자가 아니다. 다윈의 『종의 기원』의 논리 밑바탕에는 자연선택, 생존경쟁이라는 투쟁을 바탕으로 한 세계관이 전제되어 있는 것이다. 그래서 다윈은 생명도 하나님의 창조에 의한 것이 아니라 생존경쟁에 의해 진화할 뿐이며 따라서 우월한 자가 열등한 자를 지배하게 된다는 논리를 펴고 있는 것이다. 이러한 다윈이즘은 마르크스주의의 길을 안내했던 것이며 또한 인종우월주의까지 야기 시켰던 것이다. 이들 마르크스주의, 다윈주의, 프로이드주의는 서로가 서로에게 강한 영향을 미치며 지난 세기 현대문화의 지형을 결정지었던 것이다. 21세기를 살고 있는 지금, 한국의 대학가에서는 아직도 이 마르크스의 방법론과 프로이드 문화이론으로 한국인인 우리의 삶과 사람 읽기 그리고 하나님 읽기마저 난도질하고 있는 풍경이 즐비하다. 이러한 사정은 대학원 석, 박사 과정으로 갈수록 더하니 도대체 우리는 누구의 생각으로 우리의 삶과 문화를, 문학과 철학을 연구하고 있는 것인가?

우리는 이제 통일사상, 즉 심정과 참사랑의 눈으로 지난 20세기의 생각인 이 세 주의의 동질성을 확실하게 비교, 분석한 다음 우리의 삶의 세계, 생활세계를 바탕으로 잉태되고 있는 심정철학적 모색과 대안을 구체적으로 제시해가야 할 것이다. 이상헌 선생께서는 20세기 현대문화를 각인한 이 세 주의를 다음과 같이 평가한다.[3]

---

3) 이상헌, 『頭翼思想時代의 到來(공산주의를 초월하여)』, 선문대학교 통일사상연구원, (천안: 선문대학교 출판부, 2001), 172.

|  | 마르크스주의 하나님의 **존재** 부정 | 다윈주의 하나님의 **창조** 부정 | 프로이드주의 하나님의 **참사랑** 부정 |
|---|---|---|---|
| 유물론 | 인간은 먼저 의식주에 집착해야 한다. 정신은 두뇌의 산물 또는 그 기능이다. | 자연환경이 생물을 진화시킨다. | 생물학적 유물론: 리비도(성적 에너지) 이론 |
| 투쟁이론 | 사물은 투쟁에 의해서 발전한다. | 생물은 생존경쟁에 의해서 진화한다.(자연선택설) | 인간은 모든 여성을 정복하려는 끝없는 욕망의 조종을 받는 존재이다. |
| 인간관 | 인간은 경제적 이익을 추구하며 서로 적의를 품고 있는 존재로서 지배하거나 지배받는다. | 인간은 생존본능에 따라 살아가는 동물이다. | 인간은 성적본능에 조종되는 동물이다. |

| | | | |
|---|---|---|---|
| 사회관 | 인류역사는 계급투쟁의 역사이다. 생산력이 역사발전의 원동력이다. | 인간은 사회에 있어서 우월한 자가 열등한 자를 정복하여 우위에 선다.(사회다윈이즘) | 인류역사는 억압의 역사이다. 성적에너지가 문화의 원동력이다. |
| 해방이론 | 노동자가 자본가를 타도하여 공산주의의 사회를 세운다. | 열등 민족은 타도되어 우수 민족의 세계를 만든다. | 에로스를 해방하여 에로스적 문명을 만든다. 다시 지혜의 나무 열매를 따 먹어야 한다. |

## 3. 서양문화와 철학의 근본성격 :
## 이성중심, 존재중심, 인간중심

앞서 살펴본 마르크스, 니체, 프로이드가 20세기 중반까지 극렬하게 맹위를 떨치고 있을 때, 다른 한편에서 서양 철학자들 중에는 그 동안 자기네들이 중시해왔던 이성에 대해 회의를 느끼며 반대급부인 이성과 광기 그리고 폭력과 섹스에 대해 탐구의 열을 올리기 시작했다. 학문적 담론의 장에서도 거침없이 섹스와 광기 그리고 정신병원과 감옥에 대해, 그러니까 그동안 이성중심의 투명한 사회에서는 빛을 보지 못했던 것들에 대해 관심을 갖기 시작했다는 것이다. 그 대표주자들이 바로 프랑스철학자들인 미셸 푸코, 리오타르, 데리다 등등이다. 이들을 학계에서는 포스트모더니스트들이라고 하는데 그렇다면 왜 이러한 학문적 경향이 일어나는 것일까? 그것은 바로 위에서 살펴본 마르크스, 다윈, 프로이드 할 것 없이 20세기까지의 대부분의 철학들이 소위 말하는 **동일성의 논리**, **이성의**

**권력**만을 인정했기 때문에 그 반대급부로 부상했던 것이다. 요즈음 〈포스트모더니즘〉이라 하며 탈근대를 주장하는 사람들이 비판하는 것 중 하나가 바로 이 근대화가 가졌었던 **이성중심(로고스 중심)**의 태도이다. 순전한 합리화 과정, 머리로만 모든 것을 해결하려는, 냉철한 이성으로 모든 것을 판단하려는 그런 이성중심 그리고 그에 따른 인간중심의 경향을 비판하였던 것이다. 거기에서는 또한 존재자 중심, 더 나아가 서양중심을 확인할 수 있다. 이렇게 서구의 근대화, 그것은 한마디로 신 내지는 성스러운 것, 신적인 것을 우리의 생활 속에서부터 쫓아낸 뒤 가능했던 것이다. 그러니까 근대화의 과정 그것은 곧 세속화의 과정이었고 신 죽임의 과정이었던 것이다. 이것에 대해 근대의 마지막 철학자 니체가 "신은 죽었다." 라고 선포한 것이다. 허무주의의 뿌리, 그것은 인간에게 여러 가지 많은 능력이 있는데, 그 능력 가운데 이성적인 능력만을 극대화시켜 이성적으로 접근할 수 있는 존재만을 유일한 것으로 봤고 그 안에 들어오지 않는 것은 없다고 본 데에 있다. 한마디로 존재자 중심이고 그 안에 들어오지 않는 모든 것은 없애버린 〈무(無)제거의 역사〉의 결과라고 볼 수 있겠다. 그 무(無)가 이제 망령처럼, 유령처럼 우리 주위를 맴돌며 우리 자신을 괴롭히고 있는 것이다. 그것이 바로 **허무주의**이다. 이제 이러한 허무주의를 극복할 수 있는 길은 없는지, 있는지 있다면 어떤 길인지 깊이 숙고해 보아야 할 때이다.

# 3대 축복의 삶의 방식을 통한
# 심정문화세계 창건

과학과 기술이 우리의 운명이 되어버린 시대 그리고 빠름이 모든 가치의 척도가 되어버린 오늘날, 사람들은 더 이상 '왜'라는 의미물음을 던지지 않는다. 아니 물음을 던지지 않으려고 한다. 왜냐하면 묻는 사람이 바보가 되기 때문이다. 디지털 기술에 의해 우리의 일상이 자명하게 시스템화되어 잘 돌아가고 있는데 이런 시대에 '왜 살아야 하는가' 라든지 '우리의 삶의 의미는 무엇인가' 라는 물음을 던지는 사람은 분명 왕따 되기 쉬운 사람일 것이다. 그러나 아이러니하게도 과학에 기대어 그럭저럭 살아가면서도 남이 안 볼 때 우리는 분명 묻고 있다. '내가 왜 이런 일을 하며 살고 있지?', '나는 무엇 때문에 사는 거지?' 금방 답이 나오는 물음이 아니기에 우리를 더욱 곤혹스럽게 하는 게 사실이다. 쉽게 해결될 수 있는 물음들이 아니다. 그런데 이러한 물음이 가지고 있는 사태(Sache)의 심각성과 무거움을 안고 있는 자가 만약 『원리강론』의 제1장 「창조원리」중 제3절 「창조목적」을 듣는다면 무슨 생각이 들겠는가?

우리 인생의 목적은 하나님의 3대 축복을 이루어 심정문화세계를 창건하는 것인데, 그 3대 축복의 내용은 개성완성, 가정완성 그리고 주관성 완성이다. 이 얼마나 간단하고도 명쾌한 대답인가. 아마 정신적으로 무거운 짐을 진 사람들이 이 말씀을 접한다면 "거, 참 싱겁구만. 자고로 진리라 하면 뭔가 복잡하고 어려운 맛이 있어야 하는데…" 하며 오히려 그 '단순함'과 '명쾌함'에 만족하지 못할 수도 있을 것이다. 위에서 인용한 바는 필자가 2021년 어느 지역에서의 강연 후 한 시민으로부터 들은 말이다.

『원리강론』과 『통일사상요강』에서 강조하고 있는 3대 축복의 삶의 방식(Modus Vivendi)은 우리가 잘살아보겠다고 쫓아냈던 하나님을 우리의 생활세계에 **다시** 모셔오는 일에서부터 시작된다. 그 동안 '잘 살아보겠다'는 욕심으로 모시던 부모님을 떠나 돈 벌기위해 서울에 갔던 자식이 이제는 세월이 지나 '이렇게 사는 것만이 잘 사는 것이 아니구나' 하는 것을 깨달을 때이다. 그래서 부모님 계시는 시골로 다시 내려와 **함께** 살 수 있는 시간이 얼마 남지 않았다는 사실을 뒤늦게나마 깨닫게 되는 오늘이다. 물론 무형의 하나님의 존재방식이 육신의 부모와 똑같을 수는 없지만 유비적으로 볼 때 그렇게 설명할 수 있다는 말이다. 인류는 이제 근대화, 세속화라는 미명아래 내쫓았던 인류의 참부모되시는 하나님을 다시 모셔야 한다. 그러한 **모심의 문화** 속에서 인간은 진정한 **자유**와 **해방**을 느낄 수 있으며 **참기쁨**을 누릴 수 있는 것이다.

이렇듯 하나님을 생활의 중심에 모신 가운데 이제

제1축복의 삶의 방식(마음과 몸의 통일, 개인의 평화), 제2축복의 삶의 방식(남편과 아내의 화해, 가정의 평화) 그리고 제3축복의 삶의 방식(인간과 자연의 공생, 지구의 평화)을 시간과 더불어 차근차근 느리게 성취해나가야 할 것이다. 심정과 참사랑의 성장은 세월과 더불어, 경험과 더불어 서서히 성숙해 가는 것이기 때문에 성장기간과 함께 느리게 생각을 해 가면서 살아가면 될 것이다. 21세기 들어 『느림의 미학』이니 『느리게 사는 것의 의미』라는 책이 잘 팔리는 것도 다 생명과 영성의 시대를 맞이해 진정으로 잘산다는 것이 무엇인가에 대한 인류의 지혜가 그쪽으로 방향을 잡아가는 것이 아닌가 하는 생각을 해본다.

우리가 살아온 지난 20세기의 현대적 삶의 방식에서는 이러한 평화적 삶을 제대로 살수가 없었고 실제로 살지도 못했다. 발전과 경쟁의 시장논리로만 우리 삶의 전 영역을 도배했기 때문이다. 더욱이 과학과 기술의 힘을 전쟁에 쏟아 부어 서로를 피곤하게 했으며, 제1세계니 제3세계니 나눠 그리고 민주니 공산이니 분열되어 또 얼마나 비참하게 살아왔는가?

우리들 개개인의 삶의 차원에서 생각해봐도 기술에 의해 지배되었던 20세기 아니 오늘날도 대부분의 사람들이 뜻새기는 사유보다는 표상하는 사유, 계산하는 사유에 길들여져 있어 **심정적 가치**를 무시하는 경향이 많지 않은가? 그래서 하이데거는 현대를 **형이상학**(철학)이 **기술**에 의해 대체된 시대라고 했을 정도이다. 기술시대를 사는 인간들은 기다릴 줄 모른다. 주위의 자연이나 사람들에 대해 **몰아세우**(Ge-stell)고 무엇인가를 생산해 내라고 닦달해댄다.[1] 그래서 자연이 파괴되

---

[1] 하이데거는 서양의 형이상학이 그 때 그 때의 존재의 역운(歷運)에 따라 이데아, 에네르게이아, 주체, 의지, 힘에의 의지 등으로 각인되어 왔다고 한다. 이것이 현대에는 기술(Ge-stell, 닦달, 몰아세움)의 형태로 나타나고 있다고 본다. 하이데거는 인간이 비은폐성과의 탈자적인 연관에서 이 비은폐성에서부터 닦아세워지는 양식은 집약시키는 특징을 띠고 있다고 한다. Ge-stell에서 전철 'Ge-'는 비은폐성의 닦아세우는 근본특성에서의 집약시키는 것을 지칭하고, 후철 '-stell'은 인간을 닦아세움과 또한 존재자를 다양한 주문요청의 방식으로 닦아세우는 형세를 의미한다. 이기상, 『하이데거의 존재사건학(존재진리의 발생사건과 인간의 응답』, 서광사, 2003, 195-298 참조: 'Gestell'에 대한 더 자세한 내용은 다음의 논문을 참조. 이기상, 「현대기술의 극복과 전향」, 『기술과 전향』, (서울: 서광사, 1993), 179-181; 이선일, 『하이데거의 기술의 문제』, 박사학위논문, 서울대학교 철학과, 1994.

어가고 사람들 사이의 관계가 황폐화되어 간다. 다시 말해 제3축복과 제2축복의 삶의 방식이 철저히 망가져 왔던 것이다. 하나님의 3대 축복은 따로 따로 떨어져 있는 것이 아니다. 이 심정문화적 삶의 방식은 **공속(共屬)**관계에 있는 것이다.

현대인들의 이 각박해져 가고 모래알처럼 부서져 가는 삶의 분위기, 시대의 징후를 극복할 수 있는 방안은 과연 무엇이겠는가? 필자는 그것을 앞서 훈독(訓讀), 뜻새기는 사유중심의 삶의 태도로 돌아가는 것이라고 말한 바 있다. 뜻이 생명이다. 인간은 뜻이 있어야 하고 뜻이 확립되어야 한다. 뜻이 기술에 의해 대체되는 순간, 그래서 모든 면에 있어 인간의 의미부여의 작업이 상실되고 기계나 기술에 의해 통제되는 순간, 인간의 삶은 피폐해 지고 생명력이 떨어지게 된다. 심정이 죽어가게 된다.

이러한 현대문명의 분위기를 간파하신 문선명 선생께서는 전 세계를 향해 뜻을 찾고 뜻을 새기는 삶의 방식(Modus Vivendi), 3대 축복을 통한 심정문화세계에로 전향할 것을 요구하고 있는 것이다. 우리가 문선명 선생의 말씀들을 곰곰이 분석해 보면 그 말씀들은 온통 선생께서 세계나 인간 그리고 하나님에 대해 철저하게 뜻새기는 사유의 작업을 하신 후 발표하신 말씀들이라는 것을 알 수 있다. 필자의 생각에 통일사상 연구자들은 하나님의 뜻이 녹아있는 말씀을 읽고 현재 우리 시대(현실)와 연관짓는 **심정해석학적인 작업**을 성실히 해야 한다고 본다. 이러한 문제의식의 바탕 위에 필자는 지난 2004 세계문화체육대전 폐회식 축하만찬 시 문선명 선생께서 21세기 새로운 생명과 평화의 시대가 바로 참심정혁명을 통한 참해방-석방 시대가 되기를 간절히 고대하시며 **허무주의**를 극복할 수 있는 대안은 **심정문화세계**밖에 없으며 그 심정문화생활을 하는 모습을 구체적으로 다음과 같이 말씀하셨던 것이라고 생각한다. 다소 길다고 생각되지만 두고두고 우리가 곱씹어 보아야 할 말씀이기에 여기 인용을 해 본다.

"여러분이 노동과 노력을 하는 것은 창조입니다. 일생동안 일만 하고 살아도 피곤을 느끼지 않고 그저 즐겁기만 하며 하나님의 참사랑의 세계를 느낄 수 있는, 그리고 하나님을 위로해 드릴 수 있는 그런 길을 찾아가는 것이 사랑의 일생이라는 것입니다.

하나님이 창조해 놓은 것을 가지고 내가 취미삼아 재미있게 하늘의 기념품을 만들고 살다 가겠다고 하는 그런 생각과 태도로 일생을 살아보라는 것입니다. 동서남북 전후좌우 어느 곳도 막힐 것이 없습니다. 지구상의 바다라는 바다, 오대양과 육대주를 안 찾아가 본 곳이 없고 강이라는 강, 산이라는 산은 모두 찾아가 보며 사는 것입니다.

여러분도 선생님처럼 하나님의 사랑을 갖고 자연을 찾아 벗 삼으며 주인 못 만나서 탄식권에 처해 있는 자연을 해방시켜주겠다는 마음을 갖고 살아야 할 것입니다. 그런 의미에서 통일운동에는 '山水苑' 운동이 필요한 것입니다.

도시의 피폐한 문화에 사로잡혀 개인중심의 이기주

의적 삶의 노예가 되어 환경을 파괴하고, 각종 공해 속에서 허덕이며 자녀들의 정서적 발전을 막는 어리석은 삶의 틀에서 한시라도 빨리 탈출하는 것이 지혜로운 삶이 될 것입니다."[2]

---

2) 문선명, 「참 심정혁명과 참해방-석방 시대 개문」, 2004 세계문화체육
대전 폐회축하만찬 시 창시자 연설문, 2004. 7. 26

# 심정문화세계 창건을 위한
# 새 가치관 모색

필자가 지금까지 이야기한, 현대문화적 삶의 위기들은 한마디로 이성중심, 존재중심, 인간중심의 세계관 속에서 계몽의 빛만을 자랑하며 일체의 '초월'의 가치를 배제하려고 애써온 (서구)지성사의 결과이다. 세속 도시적 삶을 세련되게 가꾸는데 온 힘을 쏟은 현대인들은 아이러니하게도 오히려 자기상실, 가정의 해체 그리고 환경문제로 육체적 그리고 심정적 고향을 상실해 가고 있다. 이러한 상실자, 소외자, 방랑자들에게 문선명·한학자 선생의 통일원리, 통일사상을 바탕으로 한 두익통일운동과 참가정운동은 심정의 하나님과 심정적 존재로서의 본성회복을 통해 평화세계로 갈 수 있는 이정표의 역할을 하고 있다.

　2부에서는 문선명·한학자 선생의 통일사상에서 다루고 있는 주제들 중 신통일한국과 신통일세계를 안착시키는데 중요한 사태, 즉 신, 인간, 자연, 예술 등의 개별적 주제에 대해 창조적 해석을 시도하고자 한다. '오늘'을 위한 시대정신과 비전 제시를 위해 통일사상의 숲길을 함께 산책해보고자 한다.

# 제 4 장

# 원상론(原相論) 산책 :
# 하나님 속성 읽기와 현실문제 해결
# 그리고 감사함

## 1. 원상론(原相論), 하나님 읽기의 새로움

과학과 기술이 우리의 운명이 되어버린 오늘날, 신성이나 성스러움을 비롯한 어떤 초월적 가치를 말하는 일은 좀 멋쩍은 일이 되어 버렸다. 철저하게 세속화된 사회 속에서 외모와 금전적 가치로 모든 평가를 내리는 데 익숙해진 현대인들은 한쪽만 바라보고 빨리빨리 어딘가를 향해 달려가고 있는 삶을 살고 있다. 이러한 삶이 불안하고 허전해서 인지 요즘은 다양한 형태의 인문학 열풍이나 힐링 캠프가 여기저기서 마련되기도 한다. 유비쿼터스 도시문화를 자랑하는 오늘날, 우리는 왜 '힐링 소사이어티'를 말하게 되는가?

우리는 지난 세기를 통해 전 세계로 퍼져나간 현대문화적 삶의 가치, 즉 개인주의와 세속화문화 그리고 자본주의 시장경제체제 속에서 외적으로는 화려한 물질문명을 자랑하게 되었지만 우리의 내면과 정신세계는 많이 황폐화되었다. 그리고 삶의 목적이나 가치의식이 너무 물질과 외모지상주의에로만 기울어져 우리의 심정적 허무감은 더없이 깊어가고만 있다. 이러한 정신적 상황에서 많은 현대인들은 우주의 실체나 삶의 궁극적 목적 등에 대해서는 어차피 대답될 수 없는 무의미한 고민이라는 의식 때문인지 별 관심들이 없다. 하지만 다른 한편으로 우리는 주위에서 가까운 이의 죽음사건이나 큰 고통을 겪을 때면 인간의 영성문제나 성스러움의 영역에 대해 다시 묻기도 한다. 이러한 우리의 물음과 의식은 무엇을 말하는 가? 영성이나 성스러움의 가치는 왜 우리 곁을 떠나지 않는 것인가? 인류의 하나님 말하기 사태는 왜 인류의 역사에서 떠나지 않는가?

　이러한 종교인류학적 물음에 대해 지난 20세기에 큰 거장들의 싸움이 있었다. 너무나 잘 알려져 있는《만들어진 신(The God delusion)》의 저자인 리처드 도킨스와《신을 위한 변론(The Case for God)》의 저자인 카렌 암스트롱의 이름하여 '신을 둘러싼 거인들의 싸움'이 있었다.

R. 도킨스의
<만들어진 신>

K. 암스트롱의
<신을 위한 변론>

　만약 우리가 별 생각 없이 이들의 저서를 접하다 보면 우리는 이들 저자들의 논리와 그 해박한 지식의 세

계에 빨려들어 좀처럼 헤어 나오기 쉽지 않을 것이다. 신과 인간, 인간과 신의 그 신비스런 관계를 어떻게 읽어내느냐 하는 그 문제의식과 방법론의 차이에 따라 우리는 우리들의 현실적 삶 또한 얼마나 큰 차이를 보이는가하는 점도 확인할 수 있다. 과연 '만들어진 신'인가 아니면 '신의 역사'인가. 필자는 여기서 어느 쪽의 논리와 내용이 옳은 것인가 하는 점을 논구하고 싶지는 않다. 다만 분명한 사실 하나를 확인하고 싶다. 인류의 삶은 신과 인간, 인간과 신의 관계를 어떻게 보느냐에 따라 극명하게 달라져 왔고 앞으로도 또 달라질 것이라는 점이다. 신과 인간의 관계, 그 사이를 보는 관점의 깊이에 따라 우리의 현실적 삶의 모습도 달라질 수밖에 없다. 이러한 신과 인간의 관계 읽기에 있어 통일사상 원상론에서는 다음과 같은 입장을 제시한다. "이것은 통일원리 중의 '하나님의 이성성상'을 사상적으로 다룬 부문으로서 철학에서의 본체론에 해당하며, '우주의 근본실체가 무엇인가'하는 문제를 다룬 철학부문이다. 이 원상론은 창조원리의 이성성상을 내용(神相·神性)과 구조(심정중심의 사위기대)의 측면에서 상세히 다루고 있으며, 이 원상론이 인생, 사회, 역사 등의 모든 문제해결의 근본 기준임이 명시되고 있다. 아울러 동서양 철학의 본체론(神觀 포함)이 현실문제 해결에 있어서 무력 또는 불충분하다는 것도 지적되고 있다."[1]

통일사상 원상론에서의 하나님 읽기의 새로움은 바로 하나님을 내용과 구조의 측면에서 설명한다는데 있다. 먼저 내용면에서 하나님을 성상과 형상 그리고 양성과 음성의 관계논리로 설명하고 이를 바탕으로 하나님의 주요한 성품으로 심정과 로고스 그리고 창조성을 제시한다. 이어 구조적 측면에서는 사위기대라는 독특한 관계맺음의 틀로써 하나님의 존재양상과 격위 등을 설명한다. 이러한 통일사상의 신관은 통일사상의 인간론과 교육론에도 그대로 적용된다. 왜냐하면 통일사상에서는 닮음의 법칙에 따라 하나님의 내용과 구조로부

---

1) 통일사상연구원 편, 『문선명선생과 통일사상(문선명선생고희기념문집 8)』, 성화사, 1990, 28-29.

터 인간과 자연의 원리를 가설연역적으로 도출해내고 있기 때문이다. 이러한 통일사상의 구조와 방법론은 특별히 창시자의 (하나님)심정체휼사건과 자연의 궁극원리에 대한 피어린 탐구의 결과에서 비롯한다. 한마디로 통일사상에서의 하나님 읽기의 새로움은 심정의 하나님 체휼이라는 계시적 사건과 자연신학적 설명방식의 조화에서 오는 새로움이라 할 수 있다.

16세 때, 문선명 선생의 이 심정체휼사건은 오늘을 사는 우리들에게 어떠한 심정해석학적 작업을 요청하고 있는가?

## 2. 원상(原相)의 논리, 심정(진리)사건, 감사함

우리는 지금까지 하나님 속의 인간, 인간 속의 하나님이라는 비밀스런 사태에 대한 지도를 통일사상의 원상론에 기대어 개략적으로나마 생각해보았다. 우리의 하나님의 속성 읽기의 중요성은 어디에 있는가? 그것은 바로 하나님 이해가 우리의 삶의 논리에로 이어지기 때문이다. 우리는 통일사상에서의 하나님 읽기에서 주체-대상의 관계의 논리, 수수작용 그리고 사위기대라는 독특한 개념들을 접하게 된다.

통일사상에서는 왜 이러한 독특한 개념으로 하나님이라는 사태를 잡아야만 했는가? 통일원리와 통일사상에서 독특한 개념으로 설명한 하나님이라는 사태는 오늘을 살고 있는 우리에게 어떻게 다가오고 있는가? 더 나아가 통일사상에서 **심정**이라는 개념으로 붙잡은 심정의 하나님은 우리 삶의 세계 속에서 오늘도 사건으로 일어나고 있는가? 통일사상에 의하면 하나님은 어떤 고정된 실체가 아니다.

　종래의 실체론적 패러다임에서 설명할 수 없는 사태이다. 하나님은 영원한 과정으로서 창조의 사건과 역사의 사건 속에서 우리에게 현현하고 있는 사태이다. 나타나는 그때 그때마다 하나님은 바로 우리에게 실재로서 다가오고 있다. 우리 삶의 애환과 역사의 현장 속에서 **심정과 참사랑의 사건**을 통해 현현하는 사태가 바로 하나님이다. 그래서 문선명 선생은 심정과 참사랑의 하나님을 당신의 삶의 애환과 섭리역사의 현장 가운데 살아계신 생생한 모습으로 말씀해 주신 것이다. 문선명 선생의 삶의 역사가 바로 하나님 현현의 현장이요 섭리역사의 사건인 이유는 여기에 있는 것이다.

　보이지 않던 하나님의 심정이 억제할 수 없는 충동으로 인해 창조의 신비로 나타나고 지금도 그 창조의 수고는 계속 되고 있듯이, 이제 우리들의 심정이 활활 타올라서 21세기를 위한, 후천시대를 위한, 인류가 혼돈 속에 그토록 염원하던 생명과 평화의 시대를 개문

하는 **생각**을 잉태해야 할 때인 것이다.

새로운 시대를 예비하는 소수의 그 노력, 그 피와 땀으로 역사는 새로운 희망의 역사에로 이어지는 것이 아닌가. 누가 알아주지 않아도, 보상해주지 않아도 나의 깊은 곳에, 우리의 공동체 속에 와-닿아 폭발하고 있는 이 하나님의 심정을 사건화시켜 바깥으로 드러내야 할 때가 왔고 그것이 우리의 시대적 사명이 아니겠는가. 그야말로 신령과 진리로 우리의 삶과 세상을 새롭게 보는 눈을 뜨게 하는 일! 통일사상연구나 목회활동뿐만 아니라 기업활동을 통해서 심정이해의 지평을 깊게 하고 넓히는 일은 바로 하나님의 주관권 세계로 전환시키는 중요한 사명일 것이다. 필자는 이러한 우리의 학문적 내지 기업(통일그룹)적 과제를 원상론 공부에서부터 다시 생각해 본다. 우리 교회의 초창기 정신은 과연 무엇이었던가?

21세기 들어 엄청난 전환기적 시대를 맞아 전 세계가 거대한 소용돌이 속에서 뒤넘이 치고 있다. 이러한 급변하는 상황 속에서도 생각하는 사람들에 의해 생명

사건학(김지하)[2]이니 은닉사건학(H. Rombach)[3] 혹은 존재사건학(M. Heidegger)[4]이라는 이름으로 탈중심시대에 중심잡기를 하려는 노력들이 있다. 그러나 각각이 시대적, 공간적인 한계로 인해 동서통합적인 큰 사유의 틀에서 부족한 점을 드러내고 있는 것이 사실이다. 그러한 부족한 점들을 보완하기 위해 생각하는 사람들은 또 노력을 할 것이다. 그러한 다양한 노력들은 21세기 생명과 평화의 문화를 지향하는 수고들이다. 그런데 통일사상의 입장에서 볼 때, 참된 생명과 평화문화는 성상적 가치와 형상적 가치가 조화통일을

---

2) 김지하, 『생명, 이 찬란한 총체』, 동광출판사, 1991; 『생명』, 솔, 1994; 『생명과 자치. 생명 사상·생명 운동이란 무엇인가』, 솔, 1996; 이기상, 「김지하의 생명사건론. 생활 속에서 이루어야 하는 우주적 대해탈」, 『해석학연구 제12집. 낭만주의 해석학』, 한국해석학회 편, 철학과 현실사, 2003, 495-574 참조.

3) H. Rombach, *Strukturontologie. Eine Phanomenologie der Freiheit*, Freiburg/München: Alber, 1971; *Substanz, System, Struktur. Die Ontologie des Funktionalismus und der philosophischen Hintergrund der modernen Wissenschaft*, 2Bd., 2 Aufl., Freiburg/München: Alber, 1981 참조.

4) M Heidegger, *Beiträge zur Philosophie*, Frankfurt a. M., 1989; *Besinnung*, Frankfurt a. M., 1995; 이기상, 『하이데거의 존재사건학 (존재진리의 발생사건과 인간의 응답)』, 서광사, 2005 참조.

이루는 데서 가능하다. 몸(형상적 가치)만 가꾼다고 해서 웰빙이 되는 것이 아니다. 마음과 영성의 **새로운 부활, 심정적 가치의 발견**이 함께 이루어져야 하는 것이다. 이러한 통합적인 큰 안목에 바탕해서 **과학적 사실**을 기술하면서도 **형이상학적 사색**이 균형있게 어우러진 원상론, 즉 하나님의 속성 읽기를 새롭게 구성해내야 하는 일은 통일사상의 심정진리의 맛을 먼저 본 사람들의 시대적이고도 역사적인 사명일 것이다. 당장 우리는 그러한 역사적인 사명 앞에서 엄청난 부담감과 힘겨움을 느낄 수 있지만 참부모님 말씀과 더불어 수행되는 원상론 공부의 길 위에서, 저쪽으로부터 오는 은혜의 풍요로움과 더불어 우리 삶의 깊이를 한층 더 다질 수 있을 것이다. 하나님 속성 읽기의 수고 속에서 우리는 신령과 진리의 사건으로 새롭게 거듭나는 소중한 경험을 할 수 있을 것이다. 참으로 감사한 경험이 아닐 수 없다. 원상론이라는 숲길 산책에서 경험하게 되는 심정진리사건! 그 진리사건 앞에서 우리는 말을 잃을지도 모른다. 하지만 그 무거운 침묵의 경험을

통해 우리는 다시 태어날 것이다. 다시 태어남, 그것은
하나님의 속성 읽기와 맞물려 있는 신비한 사건이다.
우리 자신으로서는 어찌할 수 없는.....

# 제 5 장

## 존재론 산책 :
## (서양)존재론의 숲길 여행과 통일존재론
## 의 새로움

## 1. 존재(있음 혹은 있는 것)와 우리의 삶

우리는 '존재하는 것'(있는 것)에 둘러싸여 살아가고 있다. 도구나 사물존재자 또는 사람들과 함께 어울려 살아가고 있다. 더 나아가 보이지 않는 차원의 존재자, 즉 귀신이나 어떤 영적인 존재자와도 교섭을 하며 살아가는 사람들도 있다. 이처럼 우리의 삶은 온통 존재하는 것들과의 관계 속에서 펼쳐지고 있다. 그러므로 우리 생각의 가장 큰 고민 내지 과제는 이렇게 존재하는 것은 도대체 무엇이며 이러한 것들과의 관계는 어떻게 맺어야 가장 바람직한 혹은 훌륭한 삶이 될 수 있는가 하는 지혜를 모색하는 일일 것이다. 우리가 철학의 역사에서 제일 먼저 마주하게 되는 사유가들의 고민 역시 자연의 근원은 무엇인가, 자연과 인간의 관계는 어떠해야 하는가 등인 것도 결코 우연은 아닐 것이다. 이와 같이 중요한 '존재의 문제'와 '관계의 문제'에 대한 통일사상의 관점을 이해하는 일과 그러한 통일존재론의 새로움을 우리의 생활세계에서 실천하는 과제는 21세기 생명과 평화의 세계 실현을 위한 소중한 수행적 작업일 것이다. 먼저 (서양)존재론의 역사에로 여행을 떠나 보자.

## 2. 종래의 존재(存在) 개념 고찰[1]

### 1) 고대 존재론의 대상

고대에는 존재론이라는 철학적 용어는 없었으나 철학자들의 학문의 대상은 주로 우주의 근원(原質, arche), 즉 실체(實體)라고 하는 존재론적인 대상이었다. 그리고 그 대표적인 학설은 탈레스(Thales)의 물, 헤라클레이토스(Herakleitos)의 불, 파르메니데스(Parmenides)의 有(einai), 피타고라스(Pythagoras)의 수, 데모크리토스(Demokritos)의 원자, 플라톤(Palton)의 이데아, 아리스토텔레스(Aristoteles)의 형상(eidos)과 질료(hyle) 등이다.

---

1) 이 부분은 1975년에 출판된 《통일사상요강(증보판)》중에 제1부 基礎論-存在論에서 제2장 종래의 존재의 제 개념을 요약한 것이다. 이 텍스트에는 존재론 속에 原相論과 存在者相論이 포함되어 있다.

이러한 고대의 실체의 개념은 중세 이후의 거의 모든 철학에 영향을 주었으며 철학자로서 직·간접적으로 고대의 실체론에 연관되지 않은 학자가 드물 정도이다. 예컨대 헤라클레이토스와 데모크리토스는 특히 근대 이후의 여러 유형의 유물론에 영향을 주었으며 플라톤의 이데아론은 중세 초의 아우구스티누스의 사상 성립에 결정적인 지주가 되었다. 또 중세의 신학자 토마스 아퀴나스를 위시해서 중세 이후의 학자들이 존재 또는 실체를 다룸에 있어서 아리스토텔레스의 개념을 직접 또는 간접으로 다루지 않은 학자는 거의 없다.

플라톤과 아리스토텔레스,
라파엘로가 그린
아테네학당 중에서

## 2) 중세의 존재 개념

이미 아는 바와 같이 중세는 기독교의 신학이 정신계를 지배하고 있던 때였으므로, 역시 존재론이라는 특수한 철학부문은 없었다. 그러나 그리스 철학 특히 아리스토텔레스의 철학이 중세의 신학자인 토마스 아퀴나스 등에 의해서 연구되었으며 신학과 결합되어서 스콜라(Schola) 철학을 형성하였다. 그리하여 그리스적인 이성의 방식에 의하여 신만이 우주의 실체(ou-sia)로, 참 존재(esse)로 다루어졌으며 그 외의 만물은 신과 연관되어서 피조적으로만 존재하는 유한적 존재였다. 특히 토마스 아퀴나스는 아리스토텔레스의 이성주의에 따라서 신의 존재를 증명하는 방법을 제시하였으며 신의 존재(esse)와 본질(essentia)의 관계를 밝혔다.

중세신학의 거장,
토마스 아퀴나스(1225-1274)

　이와 같이 중세시대는 비록 신학의 시대이기는 하였
으나 후기에 이르러서는, 아우구스티누스처럼 직관적,
신비적 방법에 의하지 아니하고 그리스적인 이성적,
논리적 방법에 의하여 신을 존재론적으로도 다루었다.

## 3) 근세의 존재 개념

근대에 들어와서 존재 개념은 대체로 인식론적인 내용을 지니게 되었다. 즉 존재는 인식의 대상으로서의 존재로서 다루어지게 되었다. 근대가 르네상스로부터 시작되면서, 중세의 초인간적, 초자연적인 세계관이 무너지고, 이성을 기반으로 하는 자연과학적인 세계관이 확립되게 되었던 것이며, 이 새로운 세계관에 의하여 근대사상이 수립되게 되었다.

근대철학의 아버지,
R. 데카르트(1596-1650)

이러한 근대사상의 형성에 있어서 가장 기초적 역할을 한 것은 바로 새로운 철학적 인식의 방법이었다. 즉 스콜라 철학에서의 방법이었던 아리스토텔레스의 관상(觀想)에 의하는 연역적이고 개연적인 인식 방식은 배격되고 실험과 관찰에 의하는 귀납적 방법과 수학적인 명철(明哲) 판명(判明)을 기하고자 하는 이성적 방법이 주장되었던 것이니 전자는 영국의 경험론(empiricism)이요, 후자는 대륙의 합리론(rationalism)이다.

　이러한 인식론이 근대철학의 주요부문이 됨에 따라서 존재는 인식의 대상으로서 더 큰 의의를 갖게 되었으며 실체의 문제도 이러한 인식론을 기반으로 하고 다루어지게 되었다. 이리하여 근대에 있어서는 학자들의 인식론의 입장에 따라서 존재에 대한 견해가 각각 달라지게 되었다. 예를 들어, 로크(J. Locke)의 인식의 대상은 객관적 사물이며 버클리(G. Berkeley)의 존재는 지각된 관념(esse est percipi)이며 데카르트(R. Descartes)는 정신과 물체를 모두 실체로 보았으며 라이프니츠(G.W. Leibniz)는 단자(monad)를 우주의 실체라 하였고 헤겔(G.W. Hegel)은 절대정신, 즉 이성을 실체(존재)로 보았다.

## 4) 현대의 존재 개념

근대의 이성중심의 합리주의, 계몽주의사상은 칸트(I. kant), 헤겔 등의 독일 관념론에 이르러 최고조에 달하게 되었고 이러한 이성 중심의 근대정신은 현실세계의 조화적 질서를 확신하였던 것이며 인간의 존엄과 자유를 역설하였다.

그러나 현대에 들어와서 자본주의의 결함이 나타남에 따라 사회적 불안이 잦아지고, 자연과학이 고도로 발달하게 됨에 따라 합리주의적인 관념론은 점차 빛을 잃게 되었다. 그리고 폭력적 수단에 의한 사회개혁 이론을 합리화는 마르크스주의 철학, 과학기술의 발달에 의한 인간의 수평화를 반대하고 단독자로서의 인간의 본래적 자기, 즉 실존을 다루는 실존주의(existentialism), 그리고 철학의 대부분의 과제를 개별과학에

넘기고 이론만을 분석적으로 다루려는 논리실증주의 (logical positivism), 진리의 기준을 일상생활의 실용성에 두려는 실용주의(pragmatism) 등이 현대철학으로 등장하게 되었다.

따라서 존재나 실체에 대한 견해도 중세나 근대와는 다르게 되었다. 마르크스를 위시한 공산주의자들은 물질만을 실체존재로 보았으며 실존주의에 있어서 야스퍼스는 세계를 객관적 존재로 인간을 자아적 존재 (Ichsein)로 초월자를 자체존재(Ansichsein)로 다루었으며 하이데거는 존재의 부름을 들으며 본래적 자기가 되고자 하는 현실적 인간을 현존재(Dasein)로 다루면서 일상의 인간(das Man)과 구별하였다. 그리고 논리실증주의는 실체나 존재의 문제는 아예 무의미하다고 여기며 전연 다루지 않을 뿐 아니라 형이상학이라는 이유로 이런 문제를 다루기를 거부하였다. 그리고 실용주의 역시 실체문제는 선험적인 문제라는 이유로 전연 이를 다루지 않았으며 다만 신이라는 개념이 인간의 생활에 있어서 도구적, 정서적 만족을 주는 것과 같은 실용적 결과가 나타난다면 신의 존재를 인정할 수도 있다는 애매한 신관(W. James)을 제시하고 있다.

다음에 현대의 또 하나의 두드러진 철학사조인 후썰(E. Husserl)의 현상학에 있어서의 존재의 개념도 여기서 언급해야만 할 것이다.

현상학의 창시자,
E. 후썰(1859~1938)

후썰의 현상학은 순수의식의 현상의 구조를 분석 기술한 것인데, 이 순수의식을 얻기 위해서는 먼저 의식의 현상을, 일체의 선입견을 배제하고 사태 그대로 다루는 동시에 현상학적 판단중지(Epoche)라는 방법을 거치게 된다. 이때의 판단중지의 대상이 되는 사태 그 자체를 그는 존재의 개념으로 다루고 있는 것 같다. 다시 말해, 그는 객관세계의 현상을 가장 바르게 인식하기 위해서는 인식의 대상(사물)의 본질을 먼저 직접적으로 직관하게 된다고 주장한다. 그런데 사태는 시공 속에서 항상 변화하고 있으나 본질은 보편적이요 관념적인 것이어서 불변이다. 이러한 본질이 바로 사태 그 자체(Sache selbst)인 것이다.

그의 현상학에 있어서 이 단계의 이론이 존재론으로 되어 있다. 따라서 사태 그 자체, 즉 만물의 본질이 그에 있어서 존재에 해당하는 것으로 보아도 좋을 것이다.

## 3. 통일사상의 존재론 읽기: 자연만물 이해와 지구 살림지기로서의 인간

　이상의 (서양)존재론의 역사 읽기에서 알 수 있듯이, 존재론의 이해는 각 시대의 역사적 상황과 더불어 변천해 왔다. 인간의 존재 이해는 인간의 삶의 역사와 더불어 변해온 것이다. 이러한 의미에서 하이데거는 철학의 역사는 존재역운(歷運)의 역사라고도 했다. 존재라는 개념은 가장 크고 가장 보편적인 개념이다. 따라서 사실 하나님이라는 개념도 존재 개념에 들어간다. 그런데 통일사상은 존재를 두 가지로 나누어서 생각한다. 즉 존재하는 만물과 만물을 존재하게 한 하나님의 두 가지로 보고 전자를 존재자(existing being, Sei-ende)라 하고, 후자를 원존재(原存在, original being)라고 부른다. 이외에 어떠한 영역, 또는 특성을 나타내는 존재(예컨대 동물적 존재, 사회적 존재, 인격적 존재, 수리적 존재 등) 및 존재한다는 사실도 협의의 존재 개념으로 다루고 있다. 따라서 통일사상에서의 존재 개념에는 다음의 세 가지가 있다.

原存在(original being) – 존재하게 하는 자(하나님)
存在者(existing being) – 존재하는 자
存在(being) – 특정한 영역 성질 및 존재의 사실을
나타내기 위한 협의의 존재

이중에 원존재인 하나님의 속성에 관한 이론이 원상론이며 자연 만물 존재에 관한 이론은 (통일)존재론이다.

통일사상의 창시자,
문선명총재(1920-2012)

통일존재론에 의하면, 존재 중에는 인간에 의해서 제작된 것들도 많으나 그것의 재료는 원래 하나님의 창조물이었으며 또 인간의 창조의 능력도 근원적으로는 하나님으로부터 유래된 것으로 보기 때문에 제작물도 넓은 의미의 창조물로 본다. 통일존재론에서는 인간을 비롯한 자연 만물 존재를 개체의 측면과 관계의 측면에서 보고 이를 각각 개성진리체와 연체라는 개념으로 나누어 설명한다. 먼저 개성진리체란 하나님의 속성, 즉 원상의 내용을 그대로 닮은 개체를 말하며 원상의 보편상과 개별상을 지니고 있다. 여기서 보편상은 성상과 형상, 양성과 음성을 말하며 개별상은 개체마다 갖고 있는 특성을 말한다. 그리고 연체 개념은 존재자 상호간에 밀접한 관계에 주목한 개념으로서 상호 관련성을 지닌 개성진리체를 뜻한다. 이러한 존재자 상호간에 주체와 대상의 관계에서 수수작용을 통해 성장, 발전해가는 과정속에서 다양한 존재양상이 나타나고 존재격위가 설정 된다. 더 나아가 우리는 이러한 존재양상과 격위를 유심히 읽음으로써 존재의 원리, 우주의 법칙까지도 파악할 수 있다. 통일존재론에 따르면 우주의 법칙에는 상대성, 목적성, 질서성, 조화성, 개별성과 관계성, 자기동일성과 발전성 그리고 원환운동성 등이 있다.

우리가 지금까지 존재자에 관한 이론, 즉 존재론을 생각해 본 이유는 어디에 있는가? 자연만물의 운동의 원리와 이치를 깨달아 무엇을 하려고 하는가? 우리가 존재론을 공부한다는 것은 바로 자연세계의 원리를 배우고 깨달아 인간인 우리 역시 이 자연의 한부분이며 따라서 이 자연과 우주의 원리를 체득하고 그 체득한 내용을 삶 속에서 실천함으로써 지구 살림지기로서의 인간의 사명을 다하는 데에 있는 것이다. 존재론 이해는 우리의 자연 이해, 삶 읽기와 함께 가는 사태이다.

# 제 6 장

# 본성론 산책 :
# 21세기 생명·평화의 시대와 심정적 존재

## 1. 통일사상 인간 이해의 새로움

통일사상 인간 이해에서의 새로움은 인간을 우선 구조적 측면에서 '성상(性相)과 형상(形狀)의 통일체', '양성(陽性)과 음성(陰性)의 조화체' 그리고 '개성체(個性體)'로 본다는 데 있다. 우리는 이중에 특히 '성상(性相)과 형상(形狀)의 통일체'로서의 인간 이해에 주목하고자 한다. 왜냐하면 인간의 성상과 형상의 계층

적 구조[1]는 생명의 문제에 대하여 중요한 방향을 시사
해 주고 있기 때문이다.

통일사상에서 말하는 '성상과 형상의 통일체'란 인
간을 하나님의 성상과 형상을 닮은 마음과 몸의 二重
體로 본다는 것이다. 그런데 이러한 인간의 성상과 형
상에는 네 가지 유형이 있다. "첫째로 인간은 우주를
총합한 실체상이다. 즉 인간은 성상과 형상에 있어서
각각 동물, 식물, 광물의 성상과 형상의 요소를 모두
지니고 있다. 둘째로 인간은 영인체와 육신의 이중적
존재이다. 셋째로 인간은 마음과 몸이 통일을 이루고
있는 심신통일체이다. 그리고 넷째로 인간은 이중의
마음, 즉 생심(生心)과 육심(肉心)의 二重心의 통일체로

---

1) "인간은 광물, 식물, 동물의 성상과 형상을 모두 지니고 있다. 그리고
   그 터 위에 더욱 차원 높은 성상과 형상, 즉 영인체의 성상과 형상까지
   도 지니고 있다. 따라서 인간은 만물의 요소를 모두 총합적으로 지니고
   있기 때문에 인간을 만물의 총합실체상 또는 소우주라고 부른다. 이상
   의 설명에서 광물, 식물, 동물, 인간으로 존재자의 격위가 높아짐에 따
   라서 성상과 형상의 내용이 계층적으로 증대하는 것을 알 수 있다. 이
   것을 '존재자에 있어서의 성상과 형상의 계층적 구조'라고 한다." 통일
   사상연구원, 『통일사상요강』, 성화사, 1993, 172.

서 二重心的 존재이다."[2]

통일사상의 '성상과 형상의 통일체'로서의 인간이해는 특히 오늘날 유전자(DNA)조작으로 인한 생명복제 현상에 대한 윤리적이고 철학적인 근거제시와 방향정립을 가능하게 한다. 사실 오늘날의 생태계문제와 생명문제는 인간중심주의와 발달된 과학과 기술에 의한 유전자 복제로 인해 제기되었다고 해도 과언이 아니다. 현재는 인간의 과학과 기술로 DNA를 합성할 수 있는 단계에까지 이르렀다. 가속화되는 유전공학적인 관심과 기술발전으로 이제 생명체까지도 만들 수 있다는 신화가 급속도로 우리의 의식을 지배해가고 있다. 과연 인간의 과학 기술력으로 생명체를 만들 수 있는 것인가? 인간이 유전공학기술로 DNA를 조작 및 합성한다는 것은 무엇을 말하는가? 이에 대해 통일사상에서는 분명한 입장과 대답을 하고 있다.

_____

2) 『통일사상요강』, 233.

"통일사상에서 보면 과학자가 아무리 DNA를 합성한다 하더라도, 그것은 생명체의 형상면을 만든 것에 불과하다. 생명의 보다 근본된 요소는 생명체의 성상이다. 따라서 과학자가 만들 수 있는 것은 생명 그 자체가 아니고 생명을 지니는 담하체(擔荷體)에 불과한 것이다. 마치 인간에 있어서 형상인 육신은 성상인 영인체를 지니고 다니는 터전인 것과 같다. 육신은 부모에서 유래하지만 영인체는 하나님에게서 유래한다. 마찬가지로 DNA가 과학자로부터 유래할 수 있다 하더라도(즉 과학자가 DNA를 만들었다 하더라도) 생명 그 자체는 하나님으로부터 유래하는 것이다. (중략) 과학자가 비록 DNA를 만들었다고 해도, 그것은 생명을 유숙시키는 장치를 만든 데 불과하므로 생명 그 자체를 만들었다고는 할 수 없는 것이다. 우주는 생명이 충만해 있는 생명의 장으로서, 이것은 신의 성상에서 유래한다. 그리하여 생명이 깃들 장치만 있으면 생명은 거기에 나타나게 된다. 그 장치에 해당하는 것이 바로 DNA라는 특수한 분자이다. 이와 같은 결론이 '성상과 형상의 계층적 구조'에서 도출되는 것이다."[3]

21세기를 맞이한 오늘날, 사상이나 철학계에서 세계적인 제일 화두는 생태와 생명(영성)이다. 이는 그동안의 서구의 인간중심적인 생명철학논의로만은 해결될수가 없다. 그래서 그들은 인간중심적인 생각에서 벗어나기 위해 고심해왔고 그 결과로 인해 현재 그들의 생태와 환경을 회복, 유지, 보존해가고 있는 것이다.

이러한 시대적인 흐름과 요구에 비추어 볼 때, 성상과 형상의 통일체로서의 인간이해 그리고 심정적 존재로서의 인간이해는 탁월한 시대적인 대안과 혜안을 제시하고 있는 것이다. 통일사상에서는 심정중심의 삶과 심정적 존재로서의 인간에 대해 다음과 같이 설명하고 있다.

"인간이 하나님의 심정을 계속적으로 체휼하면 드

---

3) 『통일사상요강』, 175.

디어 하나님의 심정을 완전히 상속받게 된다. 그러한 인간은 **사람이나 만물을 사랑하고 싶어한다. 사랑하지 않으면 도리어 마음이 괴롭기 때문이다.** 타락인간은 사람을 사랑하는 것을 어렵게 느끼기도 하지만, 하나님의 심정과 일치된 자리에 이르게 되면 생활 그 자체가 사랑의 생활이 되는 것이다. 사랑이 있으면, 가진 자는 갖지 못한 자에게 베풀면서 살게 된다. 사랑은 자기중심적인 것이 아니기 때문이다. 따라서 빈부의 차이, 착취 등은 자연히 소멸하게 된다. 이러한 사랑의 효과는 사랑의 평준화 작용에 기인한다. 이와 같이 인간이 심정적 존재라는 말은 인간이 사랑의 생활을 하는 존재임을 뜻한다. 따라서 인간은 애적인간(homo amans)이 되는 것이다."[4]

"심정은 본래 문화활동의 원동력이다. 따라서 인간이 이룩했어야할 문화는 본래 심정문화였다. 이것이

---

4) 『통일사상요강』, 243. (강조는 필자에 의한 것임)

참다운 문화이며 하나님이 아담을 통해서 실현하고자 했던 아담문화이다. 그러나 아담·해와의 타락으로 심정문화는 실현되지 않았으며 오늘날에 이르기까지 **이기심을 기반으로 한 문화**, 즉 지적활동, 정적활동, 의적활동이 통일을 이루지 못한 문화, 따라서 분열된 문화가 이루어져 왔던 것이다."[5]

우리가 위의 인용을 통해 알 수 있는 바와 같이, 심정적 존재로서의 인간은 자신의 탁월함(이성)으로 타인이나 다른 만물들을 지배하고 장악하는 인간이 아니다. 심정적 존재로서의 인간은 오히려 다른 사람을 비롯한 생명체들을 사랑하지 않고서는 못 견디는 그런 존재이다. **심정적 존재의 생활은 생명을 키우고 생명을 가꾸는 생활이다.** 오늘날 생명철학에서의 주요개념인 생태중심주의나 생명중심주의라는 용어는 **생명을 사랑하고 가꾸려고 하는 심정개념**과 통하는 바가 많

---

5)『통일사상요강』. 244-245. (강조는 필자에 의한 것임)

다. 생명을 키우고 돌보는 심정중심의 생활은 선하고 아름다운 삶으로 인도된다. 여기에 바로 우리가 심정적 존재로서의 인간을 말하고 심정적 존재라는 인간의 이념을 실현하기 위해 노력하는 바의 의미가 있다.

## 2. 21세기 생명 · 평화의 시대와 심정적 존재

그동안 인간규정에 있어 절대적인 정답인 것처럼 여겨져 왔던 '이성적 존재'는 사실 서구인들이 자신들의 생활세계적인 맥락에서 본 '이성'중심의 인간이해이다. 그들의 삶의 세계뿐만 아니라 다른 세계에도 무차별적으로 적용될 수 있는 보편적인 이성이 아니라 그들의 삶의 맥락, 문화적 상황 속에서 이해한 '이성적 동물'로서의 인간이해이다. 그러므로 포스트모더니즘 시대와 더불어 이점에 대한 깊은 반성이 일어나고 있으며 특히 하버마스(J. Harbemas)는 자신들이 말하는 인간의 이성은 '(서구)생활세계적 이성'이며 '의사소통적 합리성'이라는 것이 결국은 서구인들의 삶의 논리와 문법 속에서 나온 것이라고 스스로 자인하고 있다. 그리고 현대 영미분석철학의 메시지도 같은 맥락이다. 그들의 일상언어분석 철학이라는 것은 '일상언어 속에 감추어져 있는 (삶의)심층문법을 찾아내자'는 것이다. 이러한 철학적 문제의식의 밑바탕에는 여전히 로고스

(이성, 언어)중심주의가 전제되어 있다. 서양철학에서는 그 시작에서부터 폴리스(Polis)라는 도시국가의 형성과 아고라(Agora)라는 광장문화 등과의 밀접한 연관 아래 철학함이 수행되었기 때문에 말(언어)을 중요시하였고 이 '말을 할 수 있음'(zoon logon echon)을 인간의 본질로 보았다. 그리고 더 나아가 그리스인들은 로고스(logos)가 존재하는 것들의 의미를 열어 밝히는 탁월한 기능을 수행한다고 생각했다. 이때부터 서양철학은 로고스중심주의, 이성(언어)중심주의에로의 길로 접어든 것이다. 그러므로 이성의 영역이 아닌 감성이나 느낌 혹은 신비적인 것들은 부차적인 것으로 밀려나게 되었다. 대표적으로 서양철학에서는 '무(無)'하면 뭔가 '불합리한 것', '말이 안 되는 것'으로 이해하는 성향이 강하다. 따라서 무, 공, 허, 생명, 성스러움 그리고 신의 영역은 점점 더 축소되어 온 것이다. 급기야 현대의 논리실증주의에 와서는 이러한 것들은 아예 '말이 안 되는 것', '진위를 논할 수 없는 것'으로 치부되었다. "과학으로 풀 수 없는 수수께끼란 없다"

라는 신화 속에 전개된 논리실증주의는 이제 오히려 갈 길을 찾지 못해 헤매고 있는 실정이다. 인간의 본질과 탁월함을 이성으로 보는 인간이해, 그래서 인간중심으로 될 수밖에 없는 인간관은 생태계문제, 생명문제 그리고 생명문제의 한가운데를 차지하고 있는 영성의 문제에 직면하여 이제는 다른 해결의 길을 모색하고 있다. 인간중심이 아닌 생태중심, 생명중심으로 가자는 이야기는 대표적인 목소리이다. 21세기의 제일철학이 생태철학, 생명철학이라는 점은 많은 사람들이 동의하는 사태이다. 이러한 시대적인 흐름과 위기를 감지하면서 우리는 통일사상의 심정개념과 심정적 존재로서의 인간에 대해 주목하게 되는 것이다.

우리의 삶의 모습은 어떻게 이루어지고 또 어떻게 달라지는가? 그것은 바로 우리의 **심정이해의 지평**에 따라 달라진다. 서양철학에서는 존재하는 것에 대한 '놀라움'에서부터 철학이 시작되었다고 말하며 존재하는 것을 그 존재하는 것으로 보게 하는 **존재이해의 지평**을 문제삼아왔다. 그런데 통일사상의 입장에서 볼 때, 모든 존재하는 것(인간과 자연)들은 하나님의 실체 대상[6]이며 그 존재하는 것들의 의미와 가치를 제대로 드러내기 위해서는 바로 심정의 눈으로 읽고 이해해야 한다. 그러므로 우리의 삶은 심정중심의 생활이 되어야 하며 심정이해의 지평에 따라 그 모습이 달라진다. 통일사상에 의하면 우리의 삶의 본질과 의미는 情, 知, 義의 기능을 올바르게 방향 지워주는 심정의 성숙과 완성에 있다. 심정이 동기가 되는 우리의 삶 속에서는 생명이 커가고 영인체가 성장한다. 심정이 메마른 곳에서는 생명이 제대로 숨을 쉴 수가 없으며 본성적인 기쁨의 생활을 영위할 수 없다.

현대철학의 거장 M. 하이데거는 이성중심, 인간중심으로 흘러온 서양 형이상학은 근대 '주체의 형이상학'을 거쳐 현대 '몰아세움'(Ge-stell)의 형태로 완료되었다고 한다.[7] 기술 형이상학의 시대에는 존재하는 모

---

6) 『원리강론』에서는 특별히 인간과 자연을 각각 하나님의 형상적 실체대상, 상징적 실체대상이라고 표현하고 있다. 세계평화통일가정연합, 『원리강론(40쇄 표준횡서)』, 성화사, 1994. 48.

7) M. Heidegger, "Die Frage nach der Technik", *Vorträge und*

든 것을 대상화시키고 수량화시키며 결국에는 부품화, 상품화의 길로 가게 된다. 이러한 기술적 세계관 속에서 우리는 무, 공, 허, 생명, 성스러움 그리고 신과 같은 사태들을 매력 없는 것으로 원래 문제가 되지 않는 것으로 여기게 된다. 그러나 오늘날 우리의 삶의 모습은 어떠한가? 과학과 기술이 우리의 운명이 되어 버린 오늘날, 우리는 오히려 형이상학적 허무감, 살아있는 생명력을 잃어가고 있지는 않은가? 생명의 성스러움이나 생활 속에 함께 하는 하나님의 의미를 잃어버려 가는 삶 속에서, 낙태나 생명복제가 너무 쉽게 자행되는 것은 아닌가? 모든 곳에 인간욕망의 불빛을 쏘아 성스러운 밤과 그 성스러운 밤이라는 분위기 속에서 드러나는 하나님을 잊고 사는 것은 아닌가? 그래서 이러한 시대적인 위험을 알아본 하이데거는 "오직 신만이

*Aufsätze*(GA7), Neske Pfullingen, 1978, 9-40; 이기상, "존재역운으로서의 기술"(사이버 시대에서의 인간의 사명), 「기술철학의 문제들」(2001년 한국과학철학회 봄 심포지움), 광운대 비마관 첨단강의실, 2001. 2. 24, 3-36 참조.

우리를 구원할 수 있다"[8] (Nur noch ein Gott kann uns retten) 라고 했는지 모른다. 이 때 말하는 신은 부동의 원동자, 제일원인으로 성격 지워지는 철학적 신이 아니다. 우리는 그러한 신 앞에서 제사를 드릴 수도, 기도를 할 수도, 춤을 출 수도 없을 것이다.[9] 인간의 본질을 이성으로 보고 그 특권인 이성의 영역, 이성의 테두리 안에 모든 것을 담아 투명하게 설명하려고 했던 시도는 이제 다른 길, 다른 방향에로 전향(轉向)해야 할 것이다. 그리고 그 다른 길, 다른 방향에서의 인간이해는 오늘날 인류가 안고 있는 최대 문제인 생태계문제와 생명문제 그리고 더 나아가 피폐해져 가는 우리의 정신, 영성의 문제에 대해 응답해야 할 것이다. 이러한 의미에서 통일사상에서 강조하는 심정개념

8) M. Heidegger, "Spiegel-Gespraech mit Martin Heidegger"(23. September 1966), *Reden und Andere Zeugnisse eines Lebensweges*, Vittorio Klostermann Frankfurt am Main., 2000, 671.

9) M. Heidegger, "Die Onto-Theo-Logische Verfassung der Metaphysik", *Identität und Differenz*(GA11), Neske Pfullingen, 1978, 64-65 참조.

과 심정적 존재로서의 인간이해는 시대적 요청이며 앞
으로 우리의 사유함을 이끄는 핵심개념과 인간 읽기의
방향이 될 것이다.

제 7 장

## 가치론 산책 :
## 21세기, 왜 심정문화가치인가?

여기 저기서 힐링과 치유가 필요하다고 난리다. 그것은 그만큼 우리 삶의 주변에서 상처가 많기 때문일 것이다. 우리가 매일의 뉴스에서 듣게 되는 고독사, 가정불화, 사회불만, 낮은 행복지수 등의 낱말들에서 알 수 있듯이 지금 한국사회에서 우리 모두는 이러한 고통과 상처에 이미 많이 노출되어 있다. 어느 누구도 고통과 상처로부터 자유롭다고 장담할 수 없는 상황 이다. 그러므로 우리의 경제지표는 물론 삶의 행복지수조차 자랑스럽게 말할 수 없는 형편이다. 어쩌다 우리의 생활세계가 이렇게 많은 고통과 상처를 안게 되었는가? 그동안 이성중심, 남성중심, 존재중심의 서구적 삶의 가치관에 혈안이 되어 정신없이 달려온 우리는 이제 어디로 삶의 방향을 돌려야 하는가? 속도의 경쟁, 황금만능주의에 젖어 물질적 번영을 자랑하던 우리는 어디로 향해야 하는가?

이러한 문제에 대한 고민에서 많은 학자들이 이성을 넘어서는 영성, 남성적 가치에서 여성적 가치에로 그리고 존재중심이 아닌 무(無)·공(空)·허(虛) 등의 영역에 대한 새로운 눈뜸을 역설하고 있다. 이른바 생명과 평화의 시대로 가기 위한 사유의 고민이요 생활의 몸부림일 것이다. 그런데 이러한 시대상황과 정신을 일찍이 감지한 문선명 선생께서는 몇 십년 전부터 심정문화시대를 역설하시고 최근에는 신(神)문명시대라는 표현으로 시대정신을 새롭게 일깨워주셨다. 21세기 더 나아가 새로운 천년 아니 영원한 생명과 평화의 시대를 위한 근본 텍스트, 즉《원리강론》과《통일사상요강》등을 주셨다. 특히 통일사상에 의하면 본연의 인간들이 이루어야 할 문화는 심정문화이며 이는 삶과 사람 그리고 문화형성에 있어 근본되는 심정적 가치, 즉 절대가치를 담아내는 문화세계이다.

이러한 관점에서 필자는 통일사상의 가치론을 21세기 생명과 평화의 시대를 위한 심정문화가치를 강조하는 문화론의 입장에서 숙고해 보고자 한다. 생명과 정신의 상처를 치유하는 문화가치론의 입장에서 통일사상의 사람과 가치 그리고 문화를 보는 철학적 입장을 생각해 보고 싶은 것이다.

통일사상은 마음의 욕망과 몸의 욕망 그리고 정신적 가치와 물질적 가치의 조화를 통한 심정문화세계를 지향한다. 특히 감성, 이성, 영성의 차원을 아우르고 그 각각의 능력의 원천으로서의 심정가치와 심정적 존재(心情的 存在)로서 인간을 보는 통일사상의 안목은 인간성 회복과 가치있는 삶의 방식 그리고 문화와 영성의 관계를 고민하고 있는 오늘날, 우리에게 적실한 문화해석의 한 관점을 제공해 줄 수 있을 것이다.

인간이란 무엇인가? 문화가치란 무엇인가? 우리가

새로운 시대를 위한 문화가치론을 모색하고자 할 때 이 두 물음은 가장 뿌리가 되는 물음일 것이다. 통일사상에 의하면, 인간은 하나님의 모양과 성품을 닮아 창조된 신상(神相)적 존재이자 신성(神性)적 존재이다. 신상을 닮아 인간은 성상(마음)과 형상(몸)의 통일체요, 양성(남자)과 음성(여자)의 조화체이다. 그리고 신성을 닮아 심정적 존재요 로고스적 존재이며 또한 창조적 존재이다.[1] 이러한 신론과 인간론을 제시하는 통일사상의 가장 큰 특징 중 하나는 바로 '심정의 하나님'을 발견한 데 있다. 심정이란 "사랑을 통해서 기쁘고자 하는 정적인 충동"[2]을 뜻한다. 여기서 말하는 "정적인 충동이란, 내부로부터 솟아오르는 억제하기 어려운 소원

---

[1] 모름지기 문화에 대한 이야기에서 인간에 대한 이야기는 필수적 담론일 것이다. 통일사상에서는 인간론을 본성론이라는 이름으로 제시하고 있는데, 이는 철학분야에서 철학적 인간학에 해당한다. 통일사상에서는 신론을 원상론에서, 자연학은 존재론에서 그리고 인간론은 본성론에서 각각 다루고 있다. 통일사상연구원,『통일사상요강』, 성화사, 1993. 제1장 원상론(原相論), 제2장 존재론(存在論), 제3장 본성론(本性論) 참조.

[2]『통일사상요강』, 66.

또는 욕망을 뜻한다."³⁾ 이처럼 사랑을 통해서 기뻐하고자 하는 억제할 수 없는 심정의 하나님이 자신의 창조성을 통하여 인간을 비롯한 천지만물을 지었다는 창조론의 입장에서 통일사상에서는 인간도 그러한 하나님을 닮은 존재로서 바로 심정을 중심한 창조력을 발휘한 결과로서 문화와 문명의 세계를 만들어왔다고 본다. 특히 인간의 마음, 인간의 의식에는 세 가지 기능이 있는바, 지적, 정적, 의지적 기능이 그것이다. "인간의 지적활동에 의해서 철학, 과학을 위시한 여러 학문분야가 발달하게 되고, 정적활동에 의해서 회화, 음악, 조각, 건축 등의 예술분야가 발달하게 되고, 의적활동에 의해서 종교, 윤리, 도덕, 교육 등의 규범분야 즉 당위의 분야가 발달하게 된다. 따라서 창조본연의 인간들로 구성되는 사회에 있어서는 지적, 정적, 의적활동의 원동력이 심정이요, 사랑이기 때문에 학문도 예술도 규범도 모두 심정이 그 동기가 되고 사랑의 실현이

---

3) 『통일사상요강』, 66.

그 목표가 된다. 그런데 학문분야, 예술분야, 규범분야의 총화 즉 인간의 지적, 정적, 의적활동의 성과의 총화가 바로 문화(문명)인 것이다."[4]

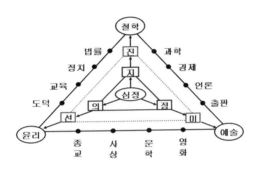

이를 도표로 제시하면 위 도표와 같다.

우리는 이 도표를 통해 통일사상에서 말하는 인간과 가치 그리고 문화의 관계를 일목요연하게 확인할 수 있다. 우리의 일상생활에서 "정치, 경제, 법률, 언론, 스포츠 등도 모두 지·정·의의 활동의 성과인 것이다. 따라서 심정은 지·정·의를 중심한 전체 문화활동의 원

---

4) 『통일사상요강』, 69-70.

동력이 되고 있으며, 특히 예술활동의 원동력이 되고 있다. 그리고 이와 같은 지·정·의의 활동의 성과의 총화가 바로 문화이며, 본연의 세계에 있어서는 '심정적 인간' 즉 '사랑의 인간'이 문화활동의 주역이 된다."[5] 통일사상에 의하면, 인간의 문화활동이란 심정의 가치, 사랑의 실현을 위한 자발적인 행위라고 말해 볼 수 있을 것이다. "예컨대 경제활동에 있어서 인간은 오늘날까지 돈버는 것만을 최고의 목적으로 삼아 왔다. 그러나 본연의 세계에서는 다른 사람들이 가난한 생활을 하는데, 자기만이 유복한 생활을 하게 되면 마음에 괴로움을 느끼게 된다. 그 때문에 돈을 많이 모으면 이웃이나 사회에 베풀고자 하는 마음을 갖게 된다. 즉 기업활동을 통하여 하나님의 사랑을 실현하게 되는 것이다. 경제뿐만 아니라 다른 모든 영역에서도 사람들은 사랑을 실천하려고 노력하게 된다. 이렇게 될 때, 여기에 심정문화, 사랑의 문화가 세워지게 된다."[6] 여기서

---

5) 『통일사상요강』, 250.

6) 『통일사상요강』, 250-251.

우리가 확인할 수 있는 사실은 심정문화운동은 심정적 존재로서의 인간성 회복운동과 같이 이루어진다는 점이다. 이와 같이 심정문화론의 문화학적 이념과 방향은 심정과 사랑의 가치추구와 실현을 통해 인간성 회복과 천지만물의 어우러짐을 이루는 대동의 세계를 지향하는데 있다.

그런데 오늘을 살고 있는 우리들의 삶의 분위기는 어떠한가? 우리들의 문화활동은 무엇을 지향하는가? 무한경쟁과 자본의 논리 그리고 쾌락주의의 분위기 속에서 삶의 뜻을 잃고 사는 것은 아닌가? 각종 문화트렌드와 문화적 악세사리를 쫓아가는 기분 속에서도 뭔가 허무함과 삶의 의미를 놓치고 사는 것은 아닌가? 이러한 기분을 느끼는 우리들에게 통일사상에서는 심정의 가치를 중심한 하나님과 인간 그리고 자연세계가 하나로 어우러짐을 통한 심정문화가치론을 제시하고 있다. 따라서 심정문화세계를 지향하는 통일사상은 새로운 하나님 읽기, 인간 읽기 그리고 자연 읽기를 제시한다. 인간을 이성적 동물(animal rationale)이라는 굴

레에서 해방시키고 하나님을 인간의 이성적 증명욕망으로부터 해방시키며 자연을 이용의 대상이라는 관점에서부터 해방시켜야 한다. 이렇듯 통일사상은 새로운 형이상학, 즉 심정의 철학에 기초하여 신과 인간 그리고 자연에 대해 새로운 읽기를 제시하고 있다. 더 나아가 그러한 읽기에 바탕하여 21세기 생명과 영성의 시대를 위한 심정문화가치론을 이야기하는 것이다.

우리가 살아온 지난 20세기의 현대문화적 삶의 방식에서 우리는 생명과 평화의 문화 이야기를 잘 써오지 못했던 것이 사실이다. 진보라는 이름으로 야만의 역사를 써왔다고 어느 학자는 말하기도 했을 정도이다. 발전과 경쟁의 시장논리로만 우리 삶의 전 영역을 재단했기 때문이다.

더욱이 과학과 기술의 힘을 전쟁에 쏟아 부어 서로를 얼마나 피곤하게 했으며, 제1세계니 제3세계니 나눠 그리고 민주니 공산이니 분열되어 또 얼마나 비참하게 살아왔는가? 20세기에서 21세기로 옮겨간다는 것은 다름 아니라 제국주의적 논리와 이데올로기의 시대에서 상호문화성의 논리와 심정과 사랑의 시대에로 전환된다는 바를 뜻한다. 이러한 시대이기에 오늘날 생명과 영성 그리고 소통과 공감이라는 화두가 많은 지지를 받고 있는 것이다.[7] 이러한 전환기를 살면서 특히 새로운 심정문화론 혹은 심정문화콘텐츠를 제작하려는 이들은 변화된 시대의 문화가치와 삶의 내용을 담아내고 새롭게 디자인해야만 성공할 수 있을 것이다. 이 문제에 대해서는 각자의 전공영역에 따라 다양한 이야기가 나올 수 있을 것이다.

여기서 필자는 상호문화성의 시대, 심정과 사랑의 가치를 실현하는 문화론 혹은 문화콘텐츠학은 신과 인간, 인간과 인간 그리고 인간과 자연 사이의 문제를 새로운 차원에서 읽어내는 철학적 통찰을 함의해야 한다

---

7) 이기상 교수는 소통과 공감을 우리 시대의 생활적 그리고 학문적 화두로 보고 그러한 소통과 공감의 학으로서의 문화콘텐츠학의 이념과 방향을 제시한 적이 있다. 이는 오늘날 우리들이 고민하고 있는 이 시대를 위한 문화이론 혹은 문화콘텐츠학의 정립에 있어 대표적인 시도라고 필자는 생각한다. 이기상, 「문화콘텐츠학의 이념과 방향-소통과 공감의 학」, 『인문학과 첨단과학의 만남』, 2011년 인문콘텐츠학회 가을 학술대회, 서울역 4층 GLORY 대회의실, 2011. 11. 18, 92-113 참조.

는 입장에서 통일사상의 심정문화가치론을 소개해 보았다.

# 제 8 장

# 예술론 산책 :
# 기술의 닦달(Ge-stell)과 예술의 신비

## 1. 예술이란 무엇인가

　　"일반적으로 넓은 의미의 문화는 정치, 경제, 교육, 종교, 사상, 철학, 과학, 예술 등 모든 인간활동의 총화를 뜻하는 것으로서, 그 중에서 가장 중심적인 역할을 하는 것이 예술이다. 즉 예술은 문화의 정수(精髓)이다."[1]

---

1) 『통일사상요강』, 417.

"예술이란 美를 창조하거나 감상하는 인간의 활동"[2)]을 뜻하는데 통일사상에서는 인간의 창작활동이나 미를 추구하는 활동을 하나님과 인간의 닮음의 원리에 입각하여 설명한다. 다시 말해, 통일사상에서는 하나님이 '사랑을 통해서 기쁨을 얻고자 하는 충동'인 심정이 동기가 되어 인간과 만물을 창조하였다고 본다. 따라서 하나님은 이런 의미에서 위대한 예술가이고, 인간과 만물은 하나님의 작품이다. 하나님은 자신의 성상과 형상을 닮은 대상으로 인간과 만물을 창조하셨는데 여기에는 기쁨과 닮기의 창조성이 배여 있다. "하나님이 자신의 이성성상을 닮도록 형상적 실체대상으로 인간을 지으시고, 상징적 실체대상으로 만물을 지으신 것이다. 이것을 예술론에 적용하면, 창작하는 예술가는 기쁨을 얻기 위하여 자기의 성상과 형상을 닮도록 작품을 만들며, 감상자는 작품을 통하여 자기의 성상과 형상을 상대적으로 느낌으로써 기뻐한다는 논리가

---

2) 『통일사상요강』, 421.

되는 것이다."[3]

모든 존재하는 것들의 관계를 주체와 대상의 관계로서 설명하는 통일사상에서는 아름다움에 대해서도 똑같이 적용한다. 즉 주체(인간)가 대상에게 주는 정적인 힘을 사랑이라 보고 대상이 주체에게 돌리는 정적인 자극을 아름다움(美)이라고 한다. 그런데 대상이 광물이나 식물일 경우 대상으로부터 인간에게 오는 것은 물질적인 힘이 된다. 이러한 물질적인 힘도 인간이 정적인 자극으로 받아들일 수 있다. 따라서 아름다움이란 대상이 주체에게 주는 정적인 힘인 동시에 정적인 자극이다라고 정의내릴 수 있다. 그런데 "美는 眞이나 善과 더불어 가치의 하나이므로 이것을 다르게 표현하면 미는 정적 자극으로서 느껴지는 대상가치인 것이다."[4]

이렇듯 인간이 자신의 생활세계에서 접하게 되는 사물이나 풍경 그리고 사람으로부터 오는 정적 자극을

---

3) 『통일사상요강』, 420.

4) 『통일사상요강』, 422.

작품으로 건립하는 예술활동[5]에는 크게 창작과 감상
이라는 두 측면이 있다. 그런데 통일사상에서는 이 창
작과 감상이라는 실천활동을 인간의 욕망과 관련하여
설명한다. 다시 말해, 창작은 인간의 가치실현욕에 의
한 것이고 감상은 가치추구욕에 근거하여 행해진다고
통일사상에서는 강조한다. 사람은 누구나 진실하게 살
고, 선한 행위를 하고, 미를 창조하면서 인류에게 봉사
하며 살아가고자 한다. 통일사상에서는 창작행위도 이
와 같은 전체목적을 달성하려는 욕망, 즉 가치실현욕
에 근거한 행위로 본다. 그런데 또 다른 한편으로 인간

---

5) 이러한 통일사상의 예술 이해는 '사물과 작품', '작품과 진리' 그리고
  '진리와 예술'이라는 테마로 예술의 본질을 밝히는 하이데거의 예술론
  과 비교하여 많은 시사점을 줄 수 있다고 여겨진다. 우리의 생활세계적
  경험으로부터 오는 다양한 사물이나 풍경 그리고 사람들로부터 오는
  정적 자극을 작품으로 건립하고자 할 때, 우리는 한 예술가에게 다가오
  는 사물과 작품의 의미 그리고 작품 속에 담기는 예술가의 개성진리체
  로서의 (진리)의식 등의 문제들과 더불어 많은 예술미학적 담론들을 전
  개할 수 있다고 본다. 이러한 본격적인 예술철학적 논의에 대한 자세한
  사항은 다음을 참조할 수 있다. 이수정, 「하이데거의 예술론」, 『하이데
  거의 예술철학』, 한국하이데거학회 편, 철학과 현실사, 2002; 이기상,
  「존재진리의 발생사건에서 본 기술과 예술」, 『하이데거의 존재사건학
  』, 서광사, 2003, 195~250.

은 자기 자신을 위해 살아가는 측면도 있다. 따라서 우리는 일상생활 속에서 접하는 다양한 사물들이나 대상들에서 가치를 발견함으로써 기쁨을 얻고자 한다. 이것이 바로 가치추구욕이다.[6]

하나님의 창조목적에서 유래하는 전체목적과 개체목적은 불가분의 관계이므로 인간의 가치실현욕에 의한 창작과 가치추구욕에 의한 감상이라는 예술행위는 공속의 차원에서 보아야 할 것이다. "창작은 작가가 대상의 입장에서 주체, 즉 하나님과 인류 등 전체를 위하여 가치(美)를 나타내는 행위이며, 감상은 감상자가 주체의 입장에서 대상인 작품으로부터 가치(美)를 향수(享受)하는 행위이다."[7]

---

6) 『통일사상요강』, 425 참조.

7) 『통일사상요강』, 426.

## 2. 창작의 요건 : 주체의 요건

위에서 살펴본 바와 같이, 통일사상의 예술론은 크게 창작과 감상의 두 측면에서 설명이 이루어지고 있다. 이 중에 필자는 창작의 요건에서 특히 작가, 주체의 요건에 대해 숙고해 보고자 한다. 작가 주체의 모티브와 주제 구상력, 대상의식과 개성에 대한 통일사상적 입장을 일별하고 그러한 관점에서 반 고흐의 작가주체(화가)로서의 제 면모에 대해 고찰해 볼 것이다.

### 1) 모티브, 주제, 구상

예술작품은 누가 창작하는 것인가? 작가이다. 예술 창작자가 예술작품을 창작하는 것이다. 그런데 이러한 창작자의 예술작품 창작에는 창작의 동기, 즉 모티브가 있게 마련이며 이 동기에 따라 작품의 주제와 구상도 달라진다. 통일사상에서는 이러한 창작자의 창조행위 역시 하나님의 창조과정을 닮아 이루어진다고 보고 하나님의 창조의 과정을 먼저 설명한다.

하나님의 창조에 있어서, 하나님의 성상 내부에서 심정을 동기로 한 창조목적이 세워지고 이 창조목적을 중심으로 내적성상(지정의)과 내적형상(관념, 개념, 수리, 법칙 등)이 수수작용을 하여 구상(로고스)이 형성된다. 이러한 구상의 형성과정은 예술가들의 창작과정에도 그대로 적용된다. 즉 예술가는 모티브(목적)을 중심으로 주제를 세우고 그 주제를 실현하는 방향으로 내적성상과 내적형상을 조화시킨다. 이렇게 해서 생성된 것이 바로 구상이다. 이러한 과정은 하나님의 창조에 있어서 내적발전적사위기대 형성에 해당한다.[8]

## 2) 대상의식

통일사상의 예술론에서 특이한 점 중 하나가 바로 예술가들이 지녀야 할 마음의 자세, 즉 대상의식에 대

---

8) 『통일사상요강』, 427~428 참조.

한 설명부분이다. "창작이란, 예술가가 하나님이나 전체 앞에 대상의 입장에 서서 미의 가치를 나타냄으로써 주체인 하나님이나 전체(인류, 국가, 민족)를 기쁘게 하는 활동이므로, 작가는 먼저 대상의식이 확립되지 않으면 안 된다. 그것은 최고의 주체인 하나님을 기쁘게 하고 하나님의 영광을 나타내는 자세가 대상의식의 극치이기 때문이다."[9]

　이러한 대상의식에 대해 통일사상에서는 다섯 가지로 요약제시하고 있다. 첫째, 예술가는 인류역사를 통해 슬퍼해 오신 하나님의 심정을 위로하는 자세를 가져야 한다. 둘째, 예술가는 하나님과 더불어 복귀의 길을 걸으신 예수님을 비롯한 수많은 성인이나 의인들을 위로하는 자세를 가져야 한다. 셋째, 예술가는 과거와 현재의 선한 사람들, 의로운 사람들의 행위를 작품에 표현코자 하는 자세를 가져야 한다. 넷째, 예술가는 다가올 이상세계의 도래를 사람들에게 알리지 않으면

---

9) 『통일사상요강』, 429~430.

안 된다. 다섯째, 예술가는 자연의 미와 신비를 표현함으로써 창조주이신 하나님을 찬미하는 자세를 가져야 한다. 예술가가 이러한 대상의식을 가지고 창작에 전력을 다할 때, 하나님으로부터의 은혜와 영계로부터의 협조를 받을 수 있으며 여기에서 비로소 참된 예술작품이 생겨난다. 그리고 이러한 참된 예술작품은 예술가와 하나님의 공동작품이 되는 것이다.[10]

### 3) 개성

예술가뿐만 아니라 모든 인간은 하나님의 개별상을 닮아난 개성진리체이다. 따라서 모든 창작품에는 그 작가의 개성이 드러나기 마련이다. 인간의 개성은 용모상의 개성, 행위상의 개성, 창작상의 개성으로 대개 나타난다. 창작 주체로서의 예술가와 예술작품은 공속(共屬)의 관계를 유지하고 있다고 볼 수 있다.

---

10) 『통일사상요강』, 430~431 참조.

# 3. 반 고흐의 삶과 그림의 세계

지금까지 우리는 통일사상의 예술철학 중 작가 주체의 요건에 대해 알아보았다. 창작자의 창작의 동기(모티브)와 주제구상 그리고 대상의식 등에 관련된 여러 예술철학적 설명을 일별해 본 셈이다. 이러한 관점에서 필자는 이제 빈센트 반 고흐(V.V. Gogh)의 예술창작자로서의 삶과 주제구상 그리고 대상의식과 개성 등에 대해 숙고해 보고자 한다. 반 고흐의 작품의 모티브와 주제 그리고 화가로서의 삶의 자세 등을 통일사상의 예술 이해에 입각해 살펴봄으로써 우리는 반 고흐 그림 읽기의 새로운 시각을 제시해 볼 수 있을 것이다.

빈센트 반 고흐(V.V. Gogh)는 서른일곱의 젊은 나이에 스스로 삶을 포기하였지만 짧다면 짧은 10년 동안 정열적인 작품 활동을 펼쳐 현대 미술의 기초를 마련하는데 중요한 역할을 하였다. 그는 1853년 네덜란드의 브라반트(Brabant) 지방의 목사 집안에서 장남으로 출생하였다. 그의 집안은 17세기 이후 성직과 예술가의 가계로 유명하며 고흐의 삶에서 동생 테오와의 관계는 절대적이다. 동생 테오는 마치 형을 위해 태어났고, 형을 위해 살았던 사람인 듯하다. 고흐의 명작들이 나올 수 있었던 것도 어찌 보면 테오의 헌신적인 노력이 있었기 때문이다.

고흐는 성실하고 근면한 부친에게 교육을 받았고, 12세에 제벤베르겐(Zevenbergen) 기술학교에서 지냈으며 그다지 공부에는 별다른 관심이 없는 반면 독서와 자연이 변화하는 것을 섬세하게 관찰하며 고독한 생활을 했다. 고흐는 틸부르(Tilburg) 근처에 있는 고등학교에 입학하였으나 갑자기 학업을 중단하고 16세 때 숙부가 경영하는 헤이그 구필(Goupil) 화랑에서 일하게 된다. 그는 광범위한 독서와 미술관의 명화들을 감상하면서 미술에 대한 호기심과 예술적 안목을 고양시켜간다.

1873년 그는 구필 화랑의 런던 지점으로 옮겨와 영국 풍경화가들의 작품을 보며 미술에 더욱 매료되었다. 이곳에서 하숙집 딸 우르쉬라 로이어(U. Loyer)와의 실연으로 깊은 상처를 안고 1875년 파리 지점으로 전근하였으나, 적응을 못하고 부친의 집으로 돌아온다. 그는 진정 자신이 해야 할 일이 무엇인가 고민하다가 부친과 같은 길을 걷고자 하였으나 신학 공부가 부담이 되어 전도사가 되었다.

그리하여 그는 가난한 광부들이 많았던 보리나즈(Borinage) 탄광 지대로 가서 온 정성을 다해 정열적인 전도를 하였다. 비참한 대우를 받는 광부들을 위해 항의를 하는 등 지나친 자기희생과 격정적인 성격으로 인하여 교회당국으로부터 선교 활동을 거부당할 정도였다. 고흐는 인간관계의 실패와 좌절을 경험하였고 이때마다 동생 테오의 정신적인 격려와 경제적인 후원을 받아 드디어 1880년 예술가의 길에 들어선다.[11]

---

11) 정금희, 『이야기 근대미술사』, 집사재, 2001, 198~199 참조.

# 1) 〈감자 먹는 사람들〉: 가난과 고난의 삶을 함께함

누에넨, 1885.4, 캔버스에 유채, 81.5×114.5
암스테르담, 빈센트 반 고흐 국립미술관

그런데 이러한 예술가(화가)로서의 자신의 정체성을 형성하기까지 반 고흐는 숱한 고민과 방황을 거듭하였다. 짙은 외로움과 사랑의 결핍 그리고 주위 사람들로부터 느끼는 소외감속에서 그는 인간의 근원적인 고뇌를 그리고 싶은 충동을 많이 느꼈다. 반 고흐는 자신이 27세 되던 때, 자신의 심장 한가운데서 울려나오는 성령의 소리를 들었다고 한다. 바로 화가의 길을 통해 하나님을 만나고 그의 뜻을 알게 될 것이라는 소리를 들은 것이다. 이때부터 고흐에게 그림 그리는 일은 자신에게는 성직의 일과 같은 의미를 지니는 것으로 여겨졌던 것 같다. 실제 아버지의 목회일을 도와 전도사의 일을 하기도 했던 그는 보리나주 시절 그곳 시골 사람들의 단순소박한 삶의 세계를 담아내는 그림을 많이 그렸다. 따라서 그의 그림에서 그 주요 모티브와 주제 중 하나가 바로 자연과 그 속에서의 순박한 농촌 사람들이 된 것이다. 반 고흐는 왜 이러한 풍경에서 하나님의 뜻과 성령의 충만함을 보았던 것일까? 필자는 이러한 그림에서 반 고흐의 화가로서의 주체적 요건, 즉 주제의식과 대상의식 그리고 개성 등을 진하게 확인할 수 있다고 생각한다. 여기 〈감자 먹는 사람들〉을 보며 좀 더 생각해 보기로 하자.

하루의 고된 일을 마치고 온 가족이 희미한 등불 밑에 옹기종기 모여 앉아 저녁식사를 하고 있다. 희미한 등불은 하나님의 사랑이 듬뿍 담긴 성령의 축복인 양 어두운 방을 밝혀주고 있다. 대대로 이어받은 생명의 터전인 그 땅에 자신들의 손으로 심어 자신들의 손으로 거둬들인 감자를 먹고 있다. 그것은 그들의 노력으로 얻어진 자연 그대로의 완전한 것이다. 그러기에 그것은 주님이 손수 주신 축복의 양식이기도 하다. 그것을 먹고 있는 그 얼굴 하나하나에 하나님과 축복받은 인간의 얼굴을 그려본다. 그 얼굴 안에는 자연의 섭리, 인간의 순수함과 순박함, 그리고 주님의 성령의 은총이 함께 하고 있다.[12]

반 고흐는 보리나주 시절 아버지가 목회를 하고 있을 때 함께 하며 전도사의 일을 하였는데, 거기서 탄광지대의 가난한 광부들, 농부들과 함께 하며 붓 끝에 묻어나는 짙은 흙냄새를 담은 그림을 많이 그렸다. 이 〈감자 먹는 사람들〉이 대표적인 그림이다. 이 그림에서 우리가 알 수 있듯이 가난하고 고된 삶을 하루하루 살아가지만 그 단순소박한 삶, 순수하고 정직한 삶 속에 늘 함께하시는 하나님의 은총을 반 고흐는 감지한 것이다. 세상의 돈과 권력의 논리에 밝고 재빠르게, 자기

---

12) 민길호, 『빈센트 반 고흐, 내 영혼의 자서전』, 학고재, 2008, 73 참조.

살 길을 도모하는 이들의 눈에는 전혀 매력이 없는 이 그림을 그리고 난 후 반 고흐는 왜 그렇게 만족해했을까. 여기에서 우리는 앞서 살펴보았던 통일사상의 예술론에서 말하는 주체의 요건, 좀더 구체적으로 예술가의 대상의식과 개성 등에 대한 내용을 다시 한 번 떠올려 보게 된다. 반 고흐의 화가로서의 개성과 작품의 모티브, 주제, 구상 등에 대해서도 말이다.

### 2) 〈성경이 있는 정물화〉 : 人生, 성속(聖俗)의 긴장

누에넨, 1885.4, 캔버스에 유채, 65 × 78,
암스테르담, 빈센트 반 고흐 국립미술관

또 다른 그림을 보며 반 고흐의 화가 주체로서의 여러 면에 대해 생각해 보기로 하자. 〈성경이 있는 정물화〉라는 그림을 보자. 반 고흐의 아버지가 쓰시던 커다란 성경책, 〈이사야서〉의 한 부분이 펼쳐져 있다. 그 옆에 놓인 노란색의 조그마한 책, 졸라의 〈산다는 것의 즐거움〉이란 제목이 보인다. 그리고 그 큰 성경책 오른쪽에 놓은 촛대는 꺼져 있다. 아버지가 걸어가신 성직자의 길, 그 길의 흔적이 성경책 속에 남아 있다. 우리 모두가 가고 싶은 길, 즐거운 인생의 길, 그 노란 졸라의 책이 말하고 있다. 하나님이 안내하시는 숭고하고 영원한 길, 인간들이 추구하는 쾌락의 인생 길. 이 그림에 대해 반 고흐는 이런 생각과 말을 하고 있는 것 같다.[13] "아버지는 하나님의 길을 걷다 그분을 만나러 이곳을 떠나셨다. 저는 인생의 즐거움을 찾으러 이곳을 떠납니다."

현대철학의 거장, 마르틴 하이데거는 인간 현존재

<hr />

13) 민길호, 『빈센트 반 고흐, 내 영혼의 자서전』, 78~79 참조.

(Dasein)들은 모두 저마다의 현사실적인 삶의 길을 가고 있다고 말한 적이 있다. 그리고 그의 대표저서인 『존재와 시간』에서는 본래성과 비본래성, 일상성과 결단성 사이에서 염려하며 살아가게 마련인 존재가 바로 인간이라고 말한 적이 있다.[14) 반 고흐 역시 목사인 아버지의 삶을 보며 혼자 속으로 이렇게 생각한 것은 아닐까. 그의 내면의 무엇이 반 고흐로 하여금 아버지와 같은 목회의 길이 아닌 화가의 길로 가게 했던 것일까. 반 고흐는 왜 화가의 길이 하나님이 정해 주신 길이라고 결단했던 것일까. 성경의 진리와 단순소박한 삶 속에서의 영성의 힘을 설교가 아닌 그림으로 표현해내는 소질을 주신 하나님께 응답한 것일까. 하나님의 은총과 성령의 충만을 가난한 이들의 삶 속에서 체휼한 반고흐는 마침내 큰 깨달음의 문으로 들어선다. 비움과 나눔의 문 말이다. 그러한 마음의 자세를 형상화한 것이 바로 그림 〈의자〉가 아닐까.

---

14) 마르틴 하이데거, 『존재와 시간』, 이기상 옮김, 까치, 1998 참조.

### 3) 〈빈 센트의 의자〉: 비움과 나눔의 영성

아를, 1889.9, 캔버스에 유채, 9 런던,
내셔널 갤러리

노란색의 소박한 의자가 우리를 향하여 외롭게 놓여
있다. 소박하지만 견실한 풍채를 잃지 않고 있다. 끈으
로 엮어 짠 방석 위에 파이프와 그것을 채워줄 엽연초
가 하얀 천에 싸여 있다. 그 흰색이 모든 것을 잊은 듯
한 초연함을 보인다. 오렌지색과 흙색으로 된 네모 무
늬의 바닥은 의자와 더불어 소박한 분위기를 더해준

다. 왼편 위쪽에 나무로 만든 조그마한 화분에 양파가 파란 싹을 보이고 있다. 작지만 끈질긴 생명력을 보여주고 있는 듯 하다. 폭풍이 지나간 후에도 살아남은 생명같이 고귀해 보인다. 그것은 고통 속에서도 솟아나는 희망의 싹일 것이다. 그 희망의 싹은 상처입은 우리의 가슴 속에서도 솟아나고 있다. 마룻바닥의 오렌지색은 반 고흐가 태어나고 자라난 자연의 땅 자체를 상징한다. 그리고 푸른 기운이 감도는 연녹색 벽은 우주이자 하늘을 상징한다. 주님이 창조한 그 대지와 하늘 아래서 소박하고 진실하게 살아가려는 반 고흐의 외로운 모습을 표현하고 있다. 그래도 반 고흐는 희망을 잃지 않고 새로운 삶에 대한 의지를 불태우고 있는 듯 하다. 새로운 싹이 트는 화분에 빈센트라고 서명한 것을 보면.[15]

사람은 그 사람이 같이 지내는 사람들과 주위에 있는 사물이나 도구들을 통해 그 됨됨이와 품성이 드러

---

15) 민길호, 『빈센트 반 고흐, 내 영혼의 자서전』, 2008, 207~208 참조.

나기 마련이다. 반 고흐가 같이 있었던 가난하고 순수한 사람들 그리고 소박한 자신의 방. 그 속에 있는 의자. 그 의자를 자신의 작품의 대상으로 삼은 것이다. 누구에게 잘 보이려는 의도나 자신이 드러나고자 하는 욕심이 없다. 그저 단순소박한 자신의 삶에 만족하고 그 충전되어 있는 내면에서 솟아나는 맑고 향기로운 마음의 힘으로 주위를 둘러본다. 내가 자리(의자)를 마련해주어야 할 더 가난하고 힘겨운 사람은 없는지 하는 생각으로. 자기 비움과 나눔의 영성은 통일사상에서 말하는 심정(心情)의 본질성격에 가장 가깝지 않은가. 온정을 베풀어 사랑하면서 기뻐하려는 억제할 수 없는 마음의 충동, 심정의 힘은 진리와 더불어 많은 사람들과 그 (진리의) 내용을 나누려는 삶에로 가게 할 것이다. 우리는 온유겸손한 자세로 지금의 나의 자리(의자)에 연연하지 않은 채, 주어진 그 길을 자연스럽게 따라가면 될 것이다. 그 길 위에서 하늘을 보라. 자신의 현사실적 삶의 무늬에 맞갖는 존재의 별이 빛나고 있을 것이다.

## 4) 〈별이 빛나는 밤〉 : 하나님을 향한 슬픈 영혼

생레미, 1889.6, 캔버스에 유채, 73.7×92.1, 뉴욕,
현대미술관

6월의 밤하늘을 해와 달, 별과 구름이 온 천지를 화
려하게 수놓으며 진동하고 있다. 해와 달이 서로 만나
하나가 되어 노란색의 찬란한 빛무리를 이루고 있다.
하늘에서 만들어진 큰 무리의 구름이 땅에서 소용돌
이가 되어 올라온 구름과 서로 엉키면서 하나를 이루
려 하고 있다. 그것은 하늘의 축복받은 영혼과 땅 위의
착한 영혼이 하나를 이루는 극적인 순간이다. 그들의
하나됨을 축복하여 열한 개의 별들이 원형의 빛무리

를 이루며 온 밤하늘을 밝히고 있다. 하늘을 진동하는 휘황찬란한 빛 아래 생레미 마을의 밤은 깊어가고 있다. 하늘의 진동에는 관심 없는 듯, 노란 불빛만 무심하게 창문으로 흘러나오고 있다. 마을 한 가운데 교회 탑이 하늘을 찌를 듯 하다. 교회에 모인 사람들은 하나님의 계시 따위에는 관심이 없는 듯 하다. 오직 하늘을 찌를 듯한 욕심과 위선만이 가득하다. 마을 왼편에 커다란 사이프러스나무 한 그루가 그 하늘의 진동에 미친 듯 손짓하며 하늘로 치솟고 있다. 피를 토하며 절규하고 있는 듯 하다. 그 검은 절규는 거의 하늘 끝까지 이어지고 있다. 흰 빛무리를 이루고 있는 큰 별 하나가 절규하는 사이프러스나무 옆으로 다가오며 밝은 빛을 비추고 있다. 그 흰빛은 사이프러스나무의 애절한 외침에 안타까워 흘리는 큰 별의 눈물인지도 모른다. 6월의 밤하늘에서 이루어질 수 없는 것들의 화합이 이루어지는 가운데 반 고흐의 절규만이 메아리치고 있는

듯 하다.[16)]

반 고흐는 생레미 시절 6월의 밤하늘을 왜 이렇게 묘사했을까. 그리고 왜 그토록 절규를 했을까. 절규라는 행위는 언제 어떻게 해서 나오는 행위인가. 자신이 원하고 바라는 대로 일이 풀리지 않거나 어떤 거대한 힘에 부딪쳐 자신의 의지가 강제로 꺾이거나 포기해야만 할 때, 우리는 자신의 내면에서 끓어오르는 어떤 소용돌이를 느끼게 된다. 그러한 내면의 소용돌이와 절규의 순간이 많아서 그랬을까. 반 고흐는 유난히 자신의 자화상을 많이 그렸다. 자화상을 많이 그린다는 것은 자신의 정체성과 가고 있는 길에 대해 끊임없이 확인하고자 하는 의지의 표현일 것이다. 가난하고 고단한 삶 속에서, 자신의 육체적 고통(병마)을 끊임없이 의식하는 세월 속에서 반 고흐는 그림을 통해 자기 자신을 대자적으로 반성해 온 것이다.

---

16) 『빈센트 반 고흐, 내 영혼의 자서전』, 227 참조.

# 제 9 장

# 통일사상의 논리학 산책 :
# 사유의 논리와 거주의 철학

## 1. 사유란 무엇을 말하는가

우리의 삶은 어떻게 이루어지는가? 우리는 어떻게 하루 하루를 살아가고 있는가? 우리의 삶은 우리의 생각과 실천이 어우러져 성취되는 것이 아닌가? 그렇다면 여기서 우리는 우리의 생각함과 실천함 혹은 거주함이라고 하는 사태에 대해 고민해 볼 필요가 있음을 감지할 수 있다. 사유란 무엇인가? 쉽게 말해, 생각이란 무엇인가? 쉬운 듯 하면서도 언뜻 답하기도 곤

란한 물음이 아닌가? 이 물음에 직면하니 문득 오귀스트 로댕(1840-1917)의 '생각하는 사람'(Le Penseur)이 떠오르기도 한다. 우리가 매일 생각하고 그 생각한 바를 실천함으로써 일상적 삶을 살아가고 있으면서도 정작 그 생각에 대해 생각해 보자고 하면 망설여지는 이유는 무엇일까? 비트겐슈타인(L. Wittenstein)이 말한 적 있듯이, 사실 이러한 주제들이 철학적으로 중요한 문제들인 것 같다. 우리가 일상적 대화에서 자주 사용하는 생각, 사랑, 시간, 행복 등등이 사실은 잘 알고 있는 듯 하면서도 정작 그 본질적 사태에 직면하면 우리는 망설이게 되는데 실제로 이러한 문제들이 얼마나 중요한 문제인가 말이다.

우리의 삶의 세계에 대해 곰곰이 반성해 보면 우리는 일상 속에서 생각보다 많이 생각이라는 말을 사용하며 산다. 일상 속에서 접하게 되는 사태에 대한 판단, 견해에서부터 상상, 기억, 배려함 등 다양한 의미의 함축을 허용하며 생각이라는 표현을 쓰고 있다. 그리고 그러한 생각의 사태, 마음의 움직임을 몸으로 드러내는 실천(행위)을 통해 우리의 존재를 사건화시키며 살아가고 있다. 우리는 흔히 생각과 언어, 말과 행동, 사고와 표현은 같이 간다라는 말을 하는데 필자가 보기에 크게 틀린 말은 아닌 것 같다. 그렇다면 통일사상에서는 이러한 생각과 언어, 사고와 표현에 대해 어떻게 설명하고 있는가?

통일사상의 논리학에서는 종전의 논리학과는 다르게 생각(사고)의 출발점과 방향 그리고 기준 등을 말하고 있는데, 이 점이 종전의 논리학, 즉 사고의 법칙이나 형식만을 다루는 논리학과는 차이나는 점이라고 할 수 있다. 하나님과 인간의 관계를 닮음의 관계로 보는 통일사상에서는 인간의 생각도 하나님, 즉 원상의 논리적 구조를 닮았다는 측면에서 설명한다. 통일사상에서는 인간의 생각의 기원, 생각의 원인에 대해 다음과 같이 본다.

"인간은 왜 생각하는 것일까. 그것은 하나님이 우주 창조에 앞서서 먼저 생각하셨기 때문이다. 즉 하나님은 우주의 창조에 앞서, 심정을 동기로 하여 사랑을 실현코자 하는 목적을 세워가지고, 그 목적에 부합되는 내용을 마음속에 구상하신 것이다. 이것이 생각이요, 로고스(말씀)이다."[1]

　이러한 하나님의 원상의 구조를 닮도록 창조된 인간도 역시 심정을 동기로 하여 사랑을 실현하기 위한 목적을 세운 터 위에, 그 목적을 달성하기 위해서 생각하는 것이 본연의 생각의 자세이다. 이처럼 통일사상에서는 인간의 생각의 기원과 기준을 하나님, 즉 원상의 논리적 구조에서 도출하고 있다. "원상에 있어서 로고스가 형성되는 '내적발전적사위기대'는 모든 만물이 창조되는 '창조의 2단구조'의 일부이다. 따라서 로고스는 말씀인 동시에 우주의 법칙으로서, 만물 모두를 망라하고 있다."[2]창조의 2단 구조에는 내적 사위기대와 외적 사위기대로 나뉘어지는데, 내적 사위기대

1) 통일사상연구원, 『통일사상요강(두익사상)』, 성화사, 1993, 625쪽.
2) 『통일사상요강(두익사상)』, 627쪽.

는 우리 머리 속에서의 논리구조가 되며, 외적 사위기대는 인식구조나 주관구조가 된다. "인식구조란 만물로부터 인식을 얻는 경우의 사위기대로서, 주로 과학 연구의 경우에 조성되는 사위기대이며, 주관구조는 생산이나 실천, 즉 산업, 정치, 경제, 교육, 예술 등의 경우에 조성되는 사위기대이다. 따라서 논리구조를 기반으로 하는 논리학은 인식구조나 주관구조를 기반으로 하는 모든 문화영역과 밀접하게 관련되어 있는 것이다."[3] 이를 도표로 제시하면 다음과 같다.

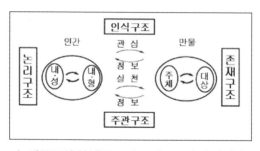

<논리구조와 인식구조 및 주관구조와의 관련성>

---

3) 『통일사상요강(두익사상)』, 627쪽.

우리가 위의 도표에서 확인할 수 있듯이, 인간의 사유의 구조, 즉 논리구조와 만물세계의 존재구조는 서로 대응 및 보완관계에 있으며 인간의 인식의 구조(인식구조)와 만물 주관의 구조 역시 대응 및 보완관계에 있다. 더 나아가 이러한 인간의 인식이나 활동은 모두 원상의 2단구조에서 유래한 것이므로 모두 상호관련이 있다고 할 수 있다. 그러므로 통일사상에 따르면, 인간의 사유와 행위는 원상(하나님)의 논리적 구조를 닮아 창조목적을 성취하기 위한 삶의 근원적 동인이자 힘이다. 그런데 하나님의 본질적 속성이 심정이니 그러한 하나님을 닮은 인간의 사유는 바로 심정사유가 되는 것이다.

## 2. 원상의 논리적 구조에서 본 사유

이와 같은 성격의 심정사유를 바탕으로 이루어지는 우리의 삶, 즉 우리의 거주함은 어떻게 구체적으로 현상하는가? 그것은 바로 우리의 생각과 실천(행위)의 통일 및 조화로 그때 그때마다 생경하게 현상하는 바가 아닌가? 이를 통일사상에서는 하나님 내부, 즉 원상에서 로고스(구상)가 형성되는 내적발전적사위기대와 이를 바탕으로 실제 창조 작업을 하실 때의 외적발전적사위기대가 형성되는 과정을 인간이 닮아있는 바로 설명하고 있다. 한마디로 '창조의 2단구조'로서 인간의 생각과 실천행위를 설명하고 있는 것이다. 이를 그림으로 제시하면 다음과 같다.

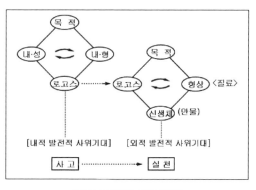

<외적 발전적 사위기대>

　우리가 흔히 '지행합일'(知行合一)이나 '이론과 실천
의 통일' 등을 말하는 것은 그 논리적 근거가 창조의 2
단구조에 있으며 무의식 중에 그러한 창조의 2단구조
를 온전히 닮아가야함을 지향하고 있는 증좌이다.[4]

　로고스를 형성하는 내적발전적사위기대(논리구조)
와 실제 현실영역에서의 외적발전적사위기대(주관구
조)의 연속적인 형성으로 우리의 생각과 실제 삶, 즉
실천이 이루어진다. 그런데 여기서 "실천한다는 것은

---

4) 『통일사상요강(두익사상)』, 630-632쪽 참조.

마음에 생각한 것을 외부에 대하여 실제로 행하는 것이며, 바로 외적사위기대의 형성을 뜻한다. 실천의 대상은 만물이며 인간이다. 즉 사랑의 실천이란 만물을 사랑하고 인간을 사랑하는 것이다. 이와 같이 통일논리학에 있어서 '사고한다'는 것은 거기에 반드시 동기와 목적과 방향이 있으므로, 반드시 실천에 연결되고 행동과 결부되어야 한다."[5]

우리는 살아가면서 매일 주위의 자연만물이나 도구 그리고 타인들과 관계를 맺기 마련이다. 그런데 이러한 관계를 맺는다는 것은 무엇을 뜻하는가? 그것은 바로 우리가 이 관계 맺는 사태들에 대해 이해하고 인식한다는 것을 뜻한다. 우리는 이렇게 자신이 이해하고 인식한 바를 바탕으로 관계맺기의 다양한 모습을 보이는 것이다. 그런데 통일사상에 의하면, 이러한 인간의 "인식에는 감성적 단계, 오성적 단계, 이성적 단계의 3단계가 있다. 감성적 단계는 외부에서 정보가 들어오

---

5)『통일사상요강(두익사상)』, 631쪽.

는 창구이므로 인식의 소생적 단계이며, 장성적인 오성적 단계와 완성적인 이성적 단계에서는 사고가 이루어지게 된다. 그중 오성적 단계의 사고는 외부로부터 들어온 정보에 영향을 받지만, 이성적 단계에 이르면 사고는 외부와 관계없이 자유로이 이루어진다."[6] 이중에 특히 오성적 단계와 이성적 단계에서 원상구조와 비슷한 논리구조가 형성되는데, 먼저 오성적 단계에서 사유는 외계로부터 들어오는 감성적 요소(내용)에 의해 규정된다. 즉 외계의 내용과 내계의 원형이 조합되어서 인식이 일단 완결된다. 그런데 이성적 단계에서는 이렇듯 오성적 단계에서 얻어진 지식을 터로 하여, 자유로이 추리를 진행시켜 새로운 구상에로 나아가게 된다. 이런 식으로 이성적 단계에서는 내적발전적 사위기대라는 사고의 구조에 의해 사고가 나선형을 그리며 계속 발전해 나갈 수 있다. 이를 도표로 제시하면 다음과 같다.[7]

---

6)『통일사상요강(두익사상)』. 632쪽.

7)『통일사상요강(두익사상)』. 632-635쪽 참조.

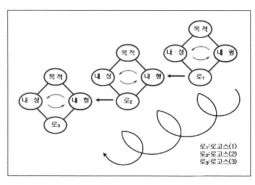

로₁:로고스(1)
로₂:로고스(2)
로₃:로고스(3)

<이성적 단계에 있어서의 사고의 나선형의 발전>

　인간의 사유의 세계는 이러한 이성적 단계에서의 사고의 나선형의 발전에 의해 비록 하나의 사항에 대한 사고일지라도 한번만으로 끝나지 않고 계속되는 수가 많다. 그리고 우리가 흔히 학문세계나 문화세계에서 특별히 뛰어난 창의성과 상상력을 발휘하는 사람들을 보게 되는데 이러한 사람들의 경우, 이러한 이성적 단계에서의 사고의 사위기대 형성이 활발한 사람들이라고 할 수 있다. 사고의 나선형의 발전은 이처럼 우리들의 삶과 문화세계의 풍요로움에 기초가 된다.

# 도움받은 글들

## A. 문선명·한학자 선생 말씀과 통일사상 관련 저서

문선명, 「참 심정혁명과 참해방 – 석방 시대 개문」,
2004 세계문화체육대전 폐회축하만찬 시 창시자
연설문. 2004. 7. 26

_____, 『평화를 사랑하는 세계인으로』, 김영사,
2009.

문선명 천지인참부모 천주성화 10주년 기념문집 편찬
위원회,

『글로벌 평화NGO 신통일세계를 향하다』, 천원사,
2022.

문선명 천지인참부모 천주성화 10주년 기념문집 편찬
위원회,

『효정의 이해와 인성교육』, 천원사, 2022.

문선명 천지인참부모 천주성화 10주년 기념문집 편찬
위원회,
『미래평화와 세계공동체』, 천원사, 2022.

한학자,『평화의 어머니』, 김영사, 2020.

세계평화통일가정연합,『원리강론』, 서울: 성화사,
2001.

통일사상연구원,『통일사상요강(頭翼思想)』, 성화사,
1993.

통일사상연구원 편,『문선명선생과 통일사상(문선명선
생고희기념문집 8)』, 성화사, 1990

세계평화통일가정연합,『축복가정과 이상천국Ⅰ』, 서
울: 성화사, 1998.

세계평화통일가정연합,『天聖經』, 서울: 성화사, 2013.

세계평화통일가정연합,『平和經』, 서울: 성화사, 2013.

## B. 그 외의 도서

F. 니체,『권력에의 의지(Der Wille Zur Macht)』, 강수
    남 옮김, 청하, 1988.

M. Heidegger, Sein und Zeit(GA2) Vittorio Klos-
    termann Frankfurt a. M., 1977.(『존재와 시
    간』, 이기상 옮김, 까치, 1998).

_____, 「Nietzsches Wort "Gott ist tot"("신
    은 죽었다"라는 니체의 말)」, Holzwege(GA5),
    Klostermann: Frankfurt a.M., 1977.

_____, 「Was heißt Denken?(사유란 무엇을
    말하는가?)」, Vorträge und Auf-sätze(GA7),
    Neske: Pfullingen, 1978.

_____, 「Die Onto-Theo-Logische Ver-
    fassung der Metaphysik」, Identität und
    Differenz(GA11), Neske Pfullingen, 1978.

_____, 「Das Ende der Philosophie und die Aufgabe des Denkens(철학의 종말과 사유의 과제)」, Zur Sache des Denkens(GA14), Max Niemeyer Verlag Tuebingen, 1976.

박정진, 『불교인류학』, 불교춘추사, 2007.

_____, 『니체-동양에서 완성되다』, 소나무, 2015.

_____, 『메시아는 더 이상 오지 않는다』, 행복한 에너지, 2016.

이기상, 『하이데거의 존재사건학(존재 진리의 발생 사건과 인간의 응답)』, 서광사, 2003.

_____, 『글로벌 생명학(동서 통합을 위한 생명 담론)』, 자음과 모음, 2010.

이상헌, 『頭翼思想時代의 到來(공산주의를 초월하여)』, 선문대학교 통일사상연구원, 천안: 선문대학교 출판부, 2001.

조형국, 『하이데거의 삶의 해석학』, 서울: 채륜, 2009.

_____, 『하이데거의 철학 읽기: 일상/기술/무의 사건)』, 목포: 누미노제, 2010.

# 문화와 사상

**초판인쇄**   2022년 12월 20일   **초판발행**   2022년 12월 25일

지은이   **조형국**
펴낸이   **이혜숙**    펴낸곳   **신세림출판사**
등록일   **1991년 12월 24일 제2-1298호**

04559 서울특별시 중구 **퇴계로49길 14,**
    충무로엘크루메트로시티2차 1동 720호
전화 **02-2264-1972**   팩스 **02-2264-1973**
E-mail : shinselim72@hanmail.net
        shinselim@naver.com

정가  **15,000원**

ISBN  978-89-5800-256-7, 03100